KRYLOW · FABELN

Universal
Bibliothek

BELLETRISTIK

Iwan Andrejewitsch Krylow

FABELN

1988

Verlag Philipp Reclam jun. Leipzig

Aus dem Russischen
Übertragung von Ferdinand Löwe
Nachwort von Helmut Graßhoff

ISBN 3-379-00303-4

Originaltitel: Басни
Text nach: „Krylof's sämmtliche Fabeln." F. A. Brockhaus, Leipzig 1874

Reclams Universal-Bibliothek Band 143
8. Auflage
Umschlaggestaltung: Günter Horlbeck
Lizenz Nr. 363. 340/55/88 · LSV 7215 · Vbg. 5,3
Printed in the German Democratic Republic
Grafischer Großbetrieb Völkerfreundschaft Dresden
Gesetzt aus Garamond-Antiqua
Bestellnummer: 660 094 1
00150

1. Die Krähe und das Huhn

Als einst der Held, Fürst von Smolensk genannt,
sich gegen Frechheit waffnete mit List,
ein Netz bereitend jenen Neu-Vandalen,
und darum ihrem Heerverband
Moskau preisgab auf eine Frist,
wo ihrer harrten später schlimme Qualen:
da kam die alte Hauptstadt in Alarm,
und alles flüchtete aus ihren Mauern,
wie aus dem Korb ein Bienenschwarm.
Nur eine Krähe auf dem Dach
ließ sich das gar nicht dauern;
sie putzte sich gemütlich ihren Schnabel,
und sah dem Treiben zu gemach,
das wüst war wie dereinst in Babel.
Da rief ihr zu von einem Karr'n ein Huhn,
die Rede gehe,
daß der Franzose vor den Toren stehe.
„Was habe ich damit zu tun?"
versetzte das prophet'sche Tier.
„Ich bleibe hier,
ich bleibe dreist zu Hause.
Ihr andern handelt, wie ihr mögt,
ich komme mit den Gästen schon zurecht,
denn Krähen nimmt man nicht zum Schmause.
Wer weiß, was mir das Glück noch bringt,
ob mir zu haschen nicht gelingt
ein Stückchen Käse oder sonst 'ne Speise:
Fahr wohl denn, Schatz, Glück auf die Reise!"
Und wirklich blieb die Krähe auch zurück;
allein ihr ward nicht nur kein fetter Bissen,
es kam für sie ein böser Augenblick.
Als der Smolensker unsre Gäste
durch Hunger preßte,
ward in den Suppentopf auch sie geschmissen.
So geht's dem Menschen, wenn er töricht plant.
Er dünket schon sich auf des Glückes Kuppe,
und plötzlich, eh' er's ahnt,
fällt er, wie unsre Krähe, in die Suppe.

2. Die Truhe

Gar häufig kommt uns vor der Fall,
daß man mit vielem Wissensschwall
sich quält, wo's nur gilt, ohne Zagen
die Sache selber zu befragen.

Vom Schreiner brachte man zu jemand eine Truh'.
Das saubre Stück war eine rechte Augenweide,
und jeglicher hat daran seine Freude.
Ein Jünger der Mechanik tritt hinzu;
der sieht die Truhe an und ruft: „Ah, ein Geheimnis!
Jawohl, sie hat kein Schloß –
nun, nun, ich öffne sie Euch ohne Säumnis.
Seht mich nicht an so groß!
Ich find' es schon heraus, ich öffne Euch die Truhe,
in der Mechanik habe ich was los – das läßt mir keine
Ruhe."
Er macht sich an die Truhe flugs,
er späht nach allem wie ein Luchs,
zerquält sein Hirn, o Jammer,
drückt auf 'nen Nagel bald und bald auf eine Klammer.
Wer so sein Tun erblickt,
hält ihn für halb verrückt,
man flüstert und man lacht,
er aber murmelt immer sacht:
„Hier nicht, so nicht, da nicht." Sein Eifer wächst,
er schwitzt und schwitzt und meint, er sei verhext.
Doch wie die Kraft zu Ende geht,
läßt er die Truhe, wie sie steht.
Die saure Mühe konnt' ihn wohl verdrießen:
die Truhe war nicht zum Verschließen.

3. Der Frosch und der Stier

Der Frosch sieht auf der Wiese einen Stier,
und neidisch, wie er ist,
er sich vermißt,
es gleich zu tun an Umfang diesem Tier.

Er ächzt und krächzt und stöhnt und keucht,
indem er sich bemüht, sich aufzublasen.
Dann fragt er eine seiner Basen:
„Sag, ist des Stieres Dicke bald erreicht?“ –
„Mitnichten, davon bist du himmelweit.“ –
„Jetzt aber sieh, wie ich mich breit gemacht,
jetzt bin ich feister doch?“ – „Kaum eine Kleinigkeit.“ –
„Das hätt' ich nicht gedacht,
allein gib acht:
Nun sag, wie ist es jetzt?“ –
„Es ist noch immer so.“ Den Frosch verdroß das Wort,
er bläst sich auf in einem fort,
bis er zuletzt,
da er sich wütend dehnte und sich streckte,
barst und verreckte.

Das kann man wohl des öfteren erleben –
was Wunder auch, wenn die Beschränkten sich vergessen
und sich den edlen Anschein geben,
als könnten sie sich mit den Größten messen.

4. Der Parnaß

Als einst die Götter mußten Hellas meiden
und all ihr Grundbesitz an Menschen überging,
da kam's, daß jemand den Parnaß empfing.
Der neue Herr ließ Esel darauf weiden.
Zufällig ward den Eseln kund,
daß hier die Musen einst gehauset, vielgepriesen.
Die Esel meinen: „Wohl nicht ohne Grund
hat man uns den Parnassos angewiesen.
Es ist die Welt der Musen satt,
wir sollen singen jetzt an ihrer Statt.“
Ein Esel ruft: „Nur munter,
ich hebe an, ihr fallet ein,
ihr dürft nicht bange sein.
Auch wir tun ohne Zweifel uns hervor
und musizieren lauter noch und bunter
als weiland der neun Schwestern Chor.

Und daß es keinem könnte je gelingen,
uns irgendwie aus dem Konzept zu bringen,
so sei es festgesetzt zu dieser Frist:
Wes Stimme nicht begabt mit jenem Wohllaut ist,
wie ihn besitzt die Eselsrasse,
der finde nimmer Zutritt zum Parnasse!"
Die Esel billigen sofort
des Esels klug gedrechselt Wort,
und nun erhebt der neue Sängerorden
ein so entsetzliches Geschrei,
als ob die Hölle losgelassen sei.
Wie es zuletzt mit dem Konzept geworden?
Dem Herrn ging die Geduld bald aus bei dem Skandal,
drum jagt' er vom Parnaß die Esel in den Stall.

Ich wollte niemand kränken,
erinnern nur an den uralten Spruch:
Wenn einer nicht versteht zu denken,
der Platz, den man ihm gab, macht ihn nicht klug.

5. Das Orakel

In einem Tempel stand ein hölzern Götzenbild.
Das gab prophetische Bescheide
und weisen Rat in jeglichem Verdruß.
Es hatte manchen Kummer schon gestillt;
darum war es vom Kopfe bis zum Fuß
behangen mit Geschmeide
und angetan mit prächtigen Gewanden.
Von Weihrauch war es dich umhüllt,
der heil'ge Raum war stets gefüllt
mit Betenden aus allen Landen.
Es wurde überhäuft mit Opfergaben,
da jeder spendete, der Aufschluß wollte haben.
Und weil der Ausspruch immer sich erfüllt,
so glaubte man auch blind an das Orakel.
Da plötzlich – o wie seltsam – welche Schmach,
kommt nur Geschwätz noch aus dem Tabernakel.
Der Sprüche Sinn ist leer, und ach,

darüber kann sich niemand trügen,
was das Orakel sagt,
gleichviel, worüber man's befragt –
sind so viel Worte, so viel Lügen.
Die Gläubigen zerstieben:
Kein Mensch begreift, wo denn die Kraft geblieben.
Doch das verhielt sich solchermaßen:
Das Götzenbild war hohl, und drinnen saßen
die Priester, die da sprachen zu den Frommen.
Darum,
wenn klug der Priester war, so sprach das Bild nicht dumm,
doch wenn ein Einfaltspinsel stak im Heiligtum,
so war dem Holzkopf auch der Witz genommen.

So ungefähr –
das hört' ich sagen –
war es bei uns in frühern Tagen:
Es glänzte mancher Richter sehr
durch – seinen Sekretär.

6. Der Wolf und das Lamm

Der Starke gibt dem Schwachen stets die Schuld.
Es meldet davon die Geschichte
vielfältige Berichte,
doch schreiben wir Geschichte nicht.
Drum höret mit Geduld,
wie in der Fabel man darüber spricht.

Ein Lämmlein kam an einem heißen Tag
an einen Bach,
um seinen Durst zu löschen – aber ach,
es traf sich schlimm,
daß hungrig sich umhertrieb Isegrim.
Er sieht das Lamm und will's entleiben.
Doch um mit Fug und Recht die Sache zu betreiben,
schreit er: „Wie denn, du Schuft hast dich erfrecht,
mit ungewaschner Schnauze mir zu trüben

den reinen Wasserstand
durch Schlamm und Sand?
Für diese Frechheit sollst
du mit dem Kopf mir büßen!" –
„Erlauchter Wolf, wenn du Gehör mir zollst,
so wag' ich anzuführen,
daß ich ja abwärts hier, zu deinen Füßen,
wohl hundert Schritt weit trinke,
ich konnte also nicht den Schlamm aufrühren." –
„So wär' ein Lügner ich nach diesem Winke?
Ist solche Unverschämtheit wohl erhört?
Dafür allein wirst du mit Recht verzehrt.
Noch fällt mir ein indessen,
daß, als vorletzten Sommer her du kamst,
du gegen mich dich grob benahmst,
ich hab' es nicht vergessen." –
„Ach Gott, ich bin ja noch kein Jahr am Leben",
seufzt hier das Lamm. – „So war's dein Bruder, Wicht!" –
„Ich habe keine Brüder nicht",
versetzt das Lamm mit Beben. –
„So war's ein Ohm, ein Vetter,
kurz irgend jemand deines Blutes.
Ihr, eure Hirten, eure Hunde, Wetter,
ihr alle wünschet mir nichts Gutes.
Ihr schadet mir, wo ihr nur könnt,
jetzt will für alle Unbill ich mich rächen
an dir, da mir's vergönnt." –
„Was ist denn aber mein Verbrechen?" –
„Schweig, ich will nichts mehr hören.
Meinst du, ich hätte weiter nichts zu tun,
als herzuzählen deine Sünden?
Wir lassen das auf sich beruhn,
da schon genügt, daß ich dich will verzehren."
Drauf packt der Wolf das Lamm, im Walde zu
verschwinden.

7. Die Meise

Zum Meere ließ hernieder sich die Meise,
und prahlte abgeschmackterweise,
daß sie das Meer verbrennen werde.
Rasch flog die Kunde um die Erde.
Die Fische stutzen, schreckerfüllt,
die Vögel fliegen her in Scharen –
aus Wäldern rennt herbei das Wild,
um zu erfahren,
wie denn das Meer und ob es lodernd brennt?
Gelockt durch Famas Ruf, der windesschnellen,
erschienen, sagt man, lüsterne Gesellen
mit Löffeln als die ersten an dem Strand
beim Element!
Sie wollen gleich die Suppe durchprobieren.
Solch eine Brühe konnte wohl im Land
kein Branntweinpächter je servieren
den Herren Sekretären
zu Ehren.
Man drängt sich, alles lauscht gespannt,
lautlos, den Blick aufs Meer gewandt.
Bisweilen nur hört man ein Flüstern:
„Jetzt fängt es an,
es kocht, mich dünkt, ich hör' es knistern."
Allein die Zeit verrann,
und da das Meer nicht kocht und auch nicht brennt,
so hat man lachend sich getrennt.
Das große Gaukelspiel war aus.
Die Meise zog beschämt nach Haus,
nachdem sie Aufsehn zwar geweckt,
jedoch kein Meer in Brand gesteckt.

Hier wird ein Wort sich noch geziemen –
Anzüglichkeiten bring' ich nicht:
Man leiste doch darauf Verzicht,
mit unvollbrachten Dingen sich zu rühmen.

8. Der Esel

Als Zeus, um zu bevölkern seine Welt,
ins Leben rief der Wesen bunte Menge,
ward ihnen auch der Esel beigesellt.
Doch – war es Absicht, war es das Gedränge
der unruhvollen Schaffenszeit –
genug, es gab der Gott sich eine Blöße,
der Esel hatte nur des Eichhorns Größe.
Dem Esel war das bitter leid,
denn niemand achtete fast seiner.
Gern hätt' er sich hervorgetan –
er wollte hoch hinaus, wie einer –,
allein mit seiner Zwergfigur
schämt er sich auch zu zeigen nur.
Da tritt den Gott der Esel an
und zieht die Stirne kraus
und bittet um ein größer Körpermaß;
denn so zu leben, sei ein schlechter Spaß.
„Ich halt' es", spricht er, „nicht mehr aus.
Die Löwen, Panther, Elefanten
sind überall gar hoch geehrt;
wohin sich meine Ohren wandten,
hab' ich von ihnen nur gehört.
Warum hast du den Eseln denn gegrollt,
daß niemand ihnen Achtung zollt,
und niemand über sie ein Wort verlor?
Hätt' ich auch nur die Größe wie die Rinder,
ich tät' gleich Leu'n und Panthern mich hervor,
und von mir sprächen Mann und Weib und Kinder."
Es ging seitdem kein Tag vorbei,
der Esel sang vor Zeus dieselbe Litanei,
daß es zuletzt den Gott zu arg beschwerte
und er die Bitte ihm gewährte.
Der Esel ward nun ein recht großes Vieh,
erhielt dazu auch eine wilde Stimme,
daß, wenn der graue Herkules nun schrie,
der Wald erbebt wie bei des Löwen Grimme.
„Was mag das für ein Tier denn sein?
Es hat wohl Hauer, Hörner ohne Zahl?"
So fragt man sich und macht sich viele Qual.

Doch war noch nicht ein Jahr verstrichen,
da wußten alle, was ein Esel ist,
und da war alle Furcht gewichen.
Des Esels Dummheit wird zum Sprichwort nun,
und schwere Fronen muß er fortan tun.

Was hilft ein hoher Wuchs, ein hoher Stand,
wenn sich kein hoher Sinn damit verband?

9. Der Affe und die Brillen

Ein Affe alterte, und sein Gesicht ward schwach.
Da ließ er sich erzählen,
bei Menschen sei das noch kein großes Ungemach,
man brauche eine Brille nur zu wählen.
Der Affe holt sich drum ein halbes Dutzend Brillen,
und dreht sich hin und her um des Versuches willen.
Er drückt sie an die Stirn, er rückt sie bis zum Schwanz,
bald riecht er, und bald leckt er dran,
die Brillen haben Wirkung nicht getan.
„Zum Henker", ruft er, „der ist auch ein Tor,
der alles glaubt, was Menschen schwatzen,
was logen sie mir doch von Brillen vor,
die wahrlich wert sind keinen Batzen!"
Drauf hat der Aff', vom Zorne hingerissen,
die Brillen so an einen Stein geschmissen,
daß sie in Splitter gehn und daß die Funken stieben.

Bei Menschen auch wird's anders nicht getrieben.
Wie nützlich immer eine Sache sei,
der Ignorant, dem sie noch neu,
kann ihren Nutzen nicht verstehen
und weiß sie nur zu schmähen;
und ist er gar noch angesehen,
verfolgt er den Erfinder sonder Scheu.

10. Das Goldstück

Ob Bildung nützlich sei?
Sie ist es ohne Frage;
nur nennt man heutzutage
mit diesem schönen Namen allerlei,
was oft nur blendet,
ja Zucht und Sitte schändet.
Drum prüfet ehrlich,
wie ihr vom Menschen streift der Roheit Rinde,
auf daß nicht auch der gute Kern verschwinde,
sonst seid für Geist und Herz ihr gleich gefährlich.
Wenn man am Menschen schlichten Sinn vermißt,
so hat sein Edelstes er eingebüßt
und erntet nur mit hohlem Prunk
Unehre statt Bewunderung.
Die Lehre ist so wichtig –
es ließe sich ein Buch darüber schreiben;
doch dazu ist nicht jeder tüchtig.
Mich laßt bei meiner Weise bleiben:
Es zeig' euch einer Fabel Spiegelbild
die Wahrheit, halb in Scherz gehüllt.

Ein Bauer, dem Natur nicht viel Verstand gezollt –
es gibt ja deren auf der Welt –,
fand einst ein Goldstück auf dem Feld,
beschmutzt, verstaubt: doch Gold ist Gold;
man bot ihm dafür ganze Haufen Groschen.
‚Halt', denkt der Bauer, ‚so wird nicht gedroschen,
ich schlag' das Doppelte heraus,
man soll sich noch drum reißen.
Ich bin ein Daus!
Ersonnen hab' ich etwas listig!'
Flugs nimmt er Kreide, Kies und Sand, vom weißen,
stampft Ziegel klein
und macht sich an die Arbeit rüstig.
Erst wetzt das Gold er mit dem Ziegelstein,
was schon als wirksam sich erwies,
dann scheuert er's mit Kies,
und endlich reibt er es mit Sand und Kreide.
Er will, es soll wie Feuer strahlen.

Wie Feuer strahlt's denn auch, er darf wohl prahlen,
es ist 'ne wahre Augenweide.
Doch nun gebricht
dem Goldstück es am Vollgewicht,
und niemand will den vollen Preis mehr zahlen.

11. Der Mann von drei Weibern

Ein arger Wüstling nahm
die dritte Frau (zwei waren noch am Leben).
Als das dem Zar zu Ohren kam –
der Zar war streng und viel zu tugendsam,
um solchem Ärgernisse Raum zu geben –
befahl er ohne Zaudern
den Sünder vor Gericht zu stellen
und solch ein Strafurteil zu fällen,
daß alle schaudern
und keiner wage sich zu unterstehn,
solch üble Dinge jemals zu begehn.
„Find' ich", spricht er, „die Strafe zu gering,
lass' ich die Richter sämtlich hängen
um ihre grüne Tafel in der Runde."
Die Richter werden bleich bei dieser Kunde,
das ist ein kitzlig Ding,
warum muß sich der Zar in solche Sachen
mengen?
Sie grübeln zweimal vierundzwanzig Stunden,
von ihren Stirnen rinnt der Schweiß,
die rechte Strafe wird nicht ausgefunden.
Zwar gibt es tausend Arten, doch man weiß,
noch keiner hielt die Menschen ab vom Bösen. –
Nachdem sie lang noch ausgestanden Pein,
gibt Gott es ihnen endlich ein,
das mißliche Problem zu lösen.
Es wird der Sünder vorgeführt,
um die Entscheidung zu vernehmen,
einmütiglich ward sie votiert:
daß nämlich dem Verbrecher es gebührt,
die Frauen alle drei zu sich zu nehmen.

Man staunt und meint, es müßten ohne Frage
die Richter an den Galgensträngen
für solches Urteil selber hängen.
Doch es vergingen nicht vier Tage,
so hat sich schon erdrosselt unser Held.
Da packt ein Grauen alle Welt,
und seitdem ist's im Reich nicht vorgekommen,
daß jemand mehr als eine Frau genommen.

12. Der Adler und die Hennen

Der Tag war schön:
Um sich so recht daran zu laben,
schwang sich ein Adler auf zu jenen lichten Höhn,
wo Blitze ihre Heimat haben.
Drauf schwebt er aus den Wolken wieder
herab auf eine Darre, um zu ruhn.
Für einen Aar ist solch ein Sitz zwar nieder,
doch seltsam ist ja oft der Fürsten Tun.
Vielleicht will er der Darre Ehre tun damit,
vielleicht daß ringsumher kein Sitz sich beut,
der würdig wäre seiner Fürstlichkeit –
nicht Eichen und kein Urfels von Granit.
Wie dem auch sei, er saß nicht lange dort
und flog auf eine andre Darre fort.
Das wurde eine Henne jetzt gewahr,
die sagte spöttisch zu der Nachbarin:
„Warum wohl steht im Ansehn so der Aar?
Wenn mir es käme in den Sinn,
so flög' ich auch von Darre noch zu Darre.
Die Adler höher stellen als uns Hennen,
das kann doch nur ein ausgemachter Narre.
Aus welchem Grund den Vorzug ihnen gönnen?
Sie haben nicht mehr Füße, nicht mehr Augen,
und du hast selbst dich überzeugt,
daß sie auch nur zu niederm Fluge taugen."
Zu solchem Wahngeschwätz der Adler nimmer schweigt.
„Du hast wohl recht", sagt er, „doch nur zum Teile.
Es trifft sich wohl, daß einen Aar sein Flug

noch niedriger, als Hennen steigen, trug –
doch fliegen Hennen nie zur Felsensteile." – –
Willst du die Größe des Talents bestimmen,
so hefte ängstlich dich an seine Schwächen nicht:
Empfinde mit, was kräftig aus ihm spricht,
und suche seine Höhen zu erklimmen.

13. Der große Herr und der Philosoph

Ein großer Herr, der einst in müß'ger Stunde
mit einem Weisen allerlei besprach,
sagt' ihm: „Du kennst die Welt doch aus dem Grunde,
und dir liegt alles offen wie der Tag.
So gib mir Kunde,
wie's kommt, daß, was wir immer gründen,
Akademien, Tribunale, Kunstverbände,
sofort, wenn trocken kaum die Wände,
die ärgsten Ignoranten sich drin finden?
Gibt es dagegen keinen Bann?" –
„Ich glaube kaum", versetzt der weise Mann,
„mit solchen Körperschaften, nur ich sag's nicht laut,
ist's wie mit Häusern, die von Holz gebaut." –
„Wie das?" – „Ja, sieh, ich habe jüngst eins aufgeführt,
und ehe ich noch selber es bezogen,
da hatten längst schon, ungelogen,
die Schaben sich drin einquartiert."

14. Die Pest unter den Tieren

Die Pest, des Himmels ärgste Plage,
hat einst den Wald betroffen.
Die Tiere werden scheu und zage –
weit stehn des Hades Tore offen.
Es rast der Tod durch Berg und Tal und Flur.
Verderben folget seiner Spur,
wie Gras mäht er die Opfer nieder,
und was noch lebt, regt kaum die Glieder.

Auch hat die Furcht die Tiere ganz verzaubert,
sie sind's und sind's auch nicht.
Der Wolf verschont das Schaf und macht ein fromm
Gesicht,
der Fuchs verfolgt kein Huhn, dem Huhn schmeckt kein
Gericht,
es schwirrt das Täubchen unbetaubert,
von Liebe ist nicht mehr die Rede,
und Leben ohne Liebe, ach wie öde!
In dieser Not beruft der Leu der Tiere Schar.
Sie kommen träg heran, ihr Mut ist fast verloren,
sie lagern sich um ihren Zar
und starren hin und spitzen ihre Ohren.
Deu Leu beginnt: „Wohl mußten unsre Sünden
der Götter Zorn entzünden,
er lastet auf uns, Freunde, schwer.
Drum möge der von uns, der mehr
als alle übrigen ist schuldbeladen,
freiwillig sich zum Opfer weihn,
auf daß die Götter dann aus Gnaden,
in ihrer Huld,
um unsers Glaubens willen uns verzeihn
die schwere Schuld.
Wer unter euch kennt nicht aus der Geschichte
von solchen schönen Opfern die Berichte?
So wolle nun ein jeder in sich gehn
und hier vor aller Welt gestehn,
was er verbrach, und war's auch unwillkürlich,
denn Reue ist in jedem Fall gebührlich.
Ich selbst bekenne – freilich macht mir's Pein –
nicht rein ist mein Gewissen:
Viel arme Lämmer hab' ich gar nicht fein
zerrissen,
und manches Mal – ach, wer ist ohne Fehle? –
ging es dem Hirten selber an die Kehle.
Ich biete mich denn auch als Opfer dar
und gehe ohne Sträuben zum Altar.
Doch scheint es besser, daß zuvor noch alle
hier ihre Sünden beichten
und der, bei dem sich dann die ärgsten zeigten,
als Opfer falle.

Vielleicht gefällt's auch so den Göttern mehr."
Drauf spricht der Fuchs: „O Zar, du rührst uns sehr;
doch nur aus übergroßer Güte
ziehst du so sehr dir zu Gemüte,
was du getan.
Wenn des Gewissens läst'ge Mahnung
uns stören sollt' auf allen unsern Wegen,
wohlan,
so sagt mir eine sichre Ahnung,
daß wir gar bald dem Hungertod erlägen.
Und dann
gereicht es ja dem Lamm zu hohen Ehren,
wenn du geruhst es zu verzehren.
Was aber anlangt diese Hirten,
so möchten wir fußfällig hier begehren,
du wolltest öfter deine Lenden gürten,
um Mores sie zu lehren.
Dies ungeschwänzte Volk, in seinem dummen Stolze,
glaubt sich ja souverän in jedem Holze!"
Zu Ende ist der Fuchs. Drauf, in demselben Ton,
kehrt sich der Schmeichler Rotte zu dem Thron.
Ein jeder will beweisen um die Wette,
daß in der Tat der Zar gar nichts zu sühnen hätte.
Die Bären, Wölfe, Tiger beichten nun
in aller Demut ihre Sünden,
nur wagt ihr allerschlimmstes Tun
niemand so schlimm zu finden;
so daß, wer nur mit Zähnen oder Krallen
gesegnet ist, nicht nur blieb ungescholten,
nein, hat sogar als Heil'ger bald gegolten.
Nach den Bojaren allen
ist jetzt die Reih' am Stier, der brüllt naiv:
„Auch wir sind Sünder. Etwa vor fünf Jahren,
als Winters Futterkräuter spärlich waren,
da hat mich, denn der Magen stand mir schief,
der Böse provoziert
und mich verführt.
Ich konnte Vorschuß mir von niemand schaffen,
so zupfte ich ein wenig Heu
aus einem Schober bei dem Pfaffen."
Bei diesen Worten gab's ein groß Geschrei.

Es riefen Wölfe, Tiger, Bären:
„Ha, welch ein Bösewicht!
Da könnt ihr's hören,
von fremdem Heu zu fressen! Ist's ein Wunder,
daß uns des Himmels Strafgericht
nun trifft mit Pech und Zunder?
Den Übeltäter mit gehörntem Kopfe
nehmt alsobald beim Schopfe;
ihn müssen wir zum Opfer wählen
zur Rettung unsrer Leiber, unsrer Seelen,
auf daß bei uns nicht einreißt solche Schand'. –
Für *seine* Sünden ward die Pest gesandt."
Da auch der Zar das richtig fand,
so ward der arme Stier sofort verbrannt.

Bei Menschen ist's nicht anders – geht die Rede.
Ist einer gar zu fromm und blöde,
so wird er angeschuldigt frech und schnöde.

15. Hundefreundschaft

Im Hofe, unterm Küchenfenster, lagen
bequem am sonn'gen Orte
der Phylax und der Karo voll Behagen,
statt draußen vor der Pforte
mit Wachehalten sich zu plagen.
Getafelt haben sie,
und weil ja wohlerzogne Hunde
bei Nacht nur bellen, doch am Tage nie,
so wollen sie zur guten Stunde
plaudern von allerlei, was sittlich und was schändlich,
von Lust und Leid und von der Freundschaft endlich.
„Was könnte wohl", sagt Phylax, „mehr erfreun,
als mit dem Freund ein Herz und eine Seele sein,
in allem sich einander dienen,
nicht ohne Freund zu schlafen noch zu prassen
und füreinander Leib und Leben lassen!
Man liest einander von den Mienen,
wie man, der Stunde Glück recht fest zu fassen,

den Freund ergötzen kann und laben,
in seinem Wohl die höchste Wonne haben.
Wenn wir zum Beispiel hier sofort
solch eine Freundschaft schlössen,
wir würden, auf mein Wort,
nicht merken, wie die Stunden uns verflössen." –
„Topp! Ja, so soll es sein",
fällt Karo rasch hier ein,
„schon lang, mein Phylax, macht mir's Pein,
daß wir, desselben Hofes Hüter,
nicht einen Tag verbringen ohne Zank.
Und wüßt' ich nur, warum? Dank dem Gebieter,
es fehlt uns nicht an Speis und Trank,
wir haben Dach und Fach.
Fürwahr, es ist 'ne Schmach!
Als Freundschaftsmuster gilt der Hund schon lang,
doch scheint's, zu Menschen nur zieht ihn sein Drang,
denn unter Hunden, ach, ist Freundschaft nicht im Schwang." –
„Gut, stellen wir ein Muster auf",
ruft Phylax nun: „Die Pfote drauf!"
Und gleich ist es getan,
man sieht die neuen Freunde sich umfahn,
sich küssen und sich drücken,
sie wolln sich auch, gerührt, mit alten Namen schmücken.
„Mein Phylades!" – „Orest!" – „Nie mehr ein neid'scher Strauß!"
Da geht das Fenster auf, ein Knochen fliegt heraus.
Die neuen Freunde stürzen sich drauf los –
soll so der schöne Bund zerreißen?
Seht wie Orest und Phylades sich beißen;
die Haare stieben fort in Fitzen,
man muß, zu trennen sie, mit Wasser sie bespritzen.

Von solcher Freundschaft wimmelt's in der Welt.
Mit Freunden ist es öfter so bestellt:
In Worten sind sie stets auf innigste verbunden,
wirf einen Knochen hin, so geht's wie mit den Hunden.

16. Die Teilung

Einst hatten wackre Handelsleute
zusammen sich getan zu einer Kumpanei.
Sie wurden reich dabei
und schlossen das Geschäft und teilten heute.
Wo gäb' es Teilung ohne Zwist?
Sie hadern über Summen, über Waren –
als plötzlich sie erfahren,
daß im Gebäude Feuer ausgebrochen ist.
„Kommt nur und rettet
den Warenvorrat, rettet unser Haus",
so ruft der eine aus,
„die Rechnung wird dann später schon geglättet!" –
„O nein, das Tausend erst, das mir gebührt",
so schreit ein anderer Geselle,
„ich geh' nicht eher von der Stelle!" –
„Zweitausend dann für mich saldiert",
ruft hier ein dritter, „dieser Posten
ist sonnenklar!" –
„Wieso? Wofür? Warum nicht gar?"
Und während sie sich immer mehr erbosten,
vergaßen sie der Feuersbrunst,
es übermannt sie Rauch und Dunst,
so daß mit Haus und Habe sie verbrannten. – –
Oft, wenn viel größre Dinge sind im Spiel
als die genannten,
setzt dem Verderben man kein Ziel,
weil jedermann,
statt der Gefahr gemeinsam zu begegnen,
erst Händel spann,
um selber sich zu segnen.

17. Das Faß

Ein Freund kam einst zum andern eilig
und bat ihn um ein Faß nur auf drei Tage.
Dem Freund gefällig sein, ist heilig –
das ist ja keine Frage.

Wo es um Geld sich handelt freilich,
hört meist die Freundschaft auf, und man sagt nein.
Allein ein Faß? Warum ein Faß nicht leihn?
Man bringt das Faß zu rechter Zeit zurück,
und dienen soll's, wie sonst, zum Wasserführen.
So weit wär' alles gut, doch o welch Mißgeschick,
es ist gar sehr zu spüren,
daß drin gelagert hatte Branntewein.
Der war so eingezogen in das Faß,
daß alles, was man mit dem Wasser braut,
nach Branntwein schmeckte, Bier wie Kwas,
nach Branntwein schmeckte selbst das Sauerkraut.
Der Eigner denkt: ‚Ich mach' es doch noch rein',
und müht sich lange damit unverdrossen;
er scheuert's räuchert's aus, stellt's an die Luft –
doch sowie Wasser wird hineingegossen,
nimmt dieses an den Branntweinduft.
Das Faß wird endlich ausgeschossen.

Laßt, Väter, diese Fabel euch empfohlen sein.
Man muß in frühen Jahren
vor schlechten Einflüssen die Kinder wahren.
Zog einmal Gift in ihre Seele ein,
wird man es immerdar in ihrem Handeln spüren,
wie sehr sie sich mit Redensarten zieren.

18. Der Wolf im Hundezwinger

Im Schutz der Nacht will Isegrim
in einen Schafstall brechen.
Allein es ging dabei ihm schlimm,
denn er geriet in einen Hundezwinger.
Der Irrtum ist wahrhaftig kein geringer!
Die Hunde heulen, da den frechen
Raufbold sie so nahe spüren,
und schütteln ihre Ketten voller Wut.
Alsbald hört man die Wächter auch sich rühren.
„Ein Dieb, ein Dieb!" schrein sie. „Seid auf der Hut!"
Geschlossen wird bei diesem Worte
die Pforte,

und bei dem Lärm und dem Gebelle,
glaubt losgelassen man die Hölle.
Der eine kommt gerannt mit einem Stecken,
der andre mit Gewehr;
man tappt umher
und ruft nach Licht, den Frevler zu entdecken.
Der Wolf indes duckt scheu in einer Ecken,
er schnirschet mit den Zähnen zwar,
es sträubt sich wild sein Haar,
mordgierig funkeln seine Blicke –
doch, was er vor sich sieht, sind keine Schafe,
und da er ahnt, daß ihm die Strafe
bevorsteht jetzt für alle frühre Tücke,
versucht er, ob mit List
nicht noch zu helfen ist.
„Oh", hebt er an, „wozu der Lärm, ihr Götter!
Ich, euer alter Freund und Vetter,
kam ja nur her, mit euch mich zu versöhnen.
So wollet doch nicht wähnen,
daß Gier und Rauflust mich hierher gebracht.
Gebt acht,
ich werde fürder nicht die hies'gen Herden
berühren,
ich bin sogar bereit, vor Ungebühren
und vor Beschwerden
gemeinschaftlich mit euch sie zu beschützen,
und würde selbst mein Blut dafür verspritzen.
Bei meinem Eide sei es euch versprochen,
daß ich ..." – „Hör Nachbar, nur",
hat ihn der Flurschütz unterbrochen,
„du bist wohl grau, doch silbern ist mein Haar.
Ich kenne längst die Wolfsnatur
und bin darauf bedacht, fürwahr,
mit Wölfen
zum Frieden dadurch mir zu helfen,
daß ich abziehe ihre Häute."
Sprach's und ließ los auf Isegrim die Meute.

19. Die Spaziergänger und die Hunde

Zwei Freunde wandelten am Abend,
vertieft in ein Gespräch,
als plötzlich frech
ein Köter sie anbellt, vom Hofe trabend.
Noch einer kommt, dann mehr, bis eine Menge
aus allen Höfen stürzet mit Gedränge.
Schon griff der Freund nach einem Stein,
der andre sagt: „Halt ein!
Den Hunden wehrst du nicht das Bellen,
du bringst sie nur in größre Wut.
Gehn weiter wir, ich kenne die Gesellen
ganz gut."
Und wirklich taten sie kaum fünfzig Schritte,
so ward es stiller in der Hunde Mitte,
und endlich hat man sie nicht mehr gehört. – –
Die Neider, was sie auch ersahn,
sie haben stets gekläfft, gestört –
geh aber ruhig deine Bahn,
sie bellen und sie machen endlich kehrt.

20. Der Lügner

Einst kam zurück von weiten Reisen
ein Edelmann – vielleicht ein Graf –,
der ging, da einen alten Freund er traf,
mit ihm spazieren über Feld
und öffnete alsbald der Rede Schleusen.
Er prahlte sehr und brüstete sich höchlich
mit dem, was er gesehen in der Welt,
ganz unbekümmert, ob, was er erzählt,
auch möglich.
„So was", spricht er, „seh' ich nun wohl nicht mehr.
Wie ist das Land hier traurig!
Bald schwitzt man arg, bald friert man sehr,
die Sonne blendet bald, und bald ist's dunkel schaurig.
Da drüben aber ist ein Paradies,
ein Land so recht nach meinem Herzen,

schon die Erinnerung daran ist süß.
Dort braucht man Pelze nicht noch Kerzen,
man weiß dort kaum, was nächtlich Dunkel sei,
das runde Jahr ist dort ein einz'ger Mai.
Da pflanzt man nicht, noch streut man ein die Saat,
und was trotzdem doch für Gewächse reifen –
kaum zu begreifen!
Zum Beispiel, als ich Rom betrat,
da sah ich eine Gurke, meiner Treu,
der kolossale Eindruck ist mir heut noch neu,
glaubst du's, sie war dir wie ein Berg so groß." –
„Je nun", versetzt der Freund, „es birgt die Welt
der Wunder viel in ihrem Schoß,
nur daß nicht jedem alles gleich ins Auge fällt.
Da nahen selber wir uns grade
solch einem Wunderwerk, von dem du noch nichts weißt,
denn das behaupt' ich dreist,
daß du's nicht sahst auf deinem Wunderpfade.
Siehst du wohl jene Brücke,
die vor uns liegt, sie ist von Ansehn schlicht,
jedoch höchst wunderbar in einem Stücke,
denn einen Lügner trägt sie nicht.
Wenn er noch bis zur Mitte nicht gegangen,
so zieht's ihn jäh hinunter in den Fluß;
doch Wahrheitsfreunde drangen
noch immer, sei's zu Pferde, sei's zu Fuß,
hinüber." –
„Wie tief ist denn der Fluß? Wohl wie der Tiber?" –
„Ei nun, er ist nichts weniger als seicht.
Du siehst nun, Freund, was alles man erfährt.
Die röm'sche Gurke ist wohl staunenswert,
berghoch, mir däucht,
so sagtest du, nicht wahr?" –
„Nun wenn auch nicht berghoch, haushoch bestimmt." –
„Ist immer schwer zu glauben zwar,
allein, wer da vernimmt,
daß diese Brücke keinen Lügner trägt,
der wird von gleichem Staunen wohl bewegt.
Und erst noch dieses Frühjahr, leider,
stürzten herab – die ganze Stadt weiß das –
zwei Journalisten und ein Schneider.

Nun, mit der Gurke, das ist auch kein Spaß;
haushoch – ei freilich,
höchst wunderbar, wenn du berichtest treulich." –
„Na, ganz so arg ist es mitnichten,
ich muß dich nämlich unterrichten,
man baut nicht aller Orten
geräumig wie bei uns zu Lande.
Was sind denn das für Häuser dorten?
Zur Not für zwei, mein Wort zum Pfande,
die obendrein nicht stehn noch sitzen können!" –
„Mag sein, doch will sich's wohl geziemen,
die Gurke hoch zu rühmen,
die zwei Personen faßt.
Den Preis zwar wird man unsrer Brücke gönnen,
die gar nicht spaßt,
denn eh' der Lügner drauf fünf Schritte tut,
reißt's ihn hinunter in die Flut.
Gewiß, auch deine Gurke dort in Rom . . ." –
„Hör doch", fiel hier der Lügner ihm ins Wort,
„wozu die Brücke? Laß uns oben dort
nach einer Furt nur suchen in dem Strom!"

21. Der Hase auf der Jagd

Geschart zu großer Meute
jagten die Tiere einst den Bär
und schlugen tot nach harter Gegenwehr
den Feind auf freiem Feld. Die Beute
ward nun geteilt,
und jeder was zu haschen sich beeilt.
Den Hasen sieht man da am Ohr des Bären reißen.
„Na, Krummbein du",
ruft man, „woher, wozu?
Was soll das heißen?
Man hat dich bei der Jagd doch nicht gesehen." –
„Ei, Brüder", sagt der Has', „wie wär' es sonst geschehen?
Ich hab' im Walde ja gesteckt
und hab' ihn immer aufgeschreckt,
ich hab' ihn euch gestellt,

den alten Toren."
Die Prahlerei lag klar vor aller Welt,
doch schien so spaßhaft sie,
daß man verzieh
und Lampen Stücke gab von Petzens Ohren.

Ob man den Prahler gleich verlacht,
wird er doch oft mit einem Anteil auch bedacht.

22. Der Hecht und der Kater

Schlimm, wenn der Schuster sich mit Kuchenbacken
und der Konditor sich mit Stiefelnähn befaßt;
es wird nichts draus, wie sehr sie auch sich placken
in blinder Hast.
Denn das lehrt die Erfahrung,
daß, wer einmal ein fremdes Handwerk treibt,
gar eigensinnig bleibt
bei seiner törichten Gebarung.
Er richtet lieber das Geschäft zugrunde
und macht sich selber zum Gespötte,
als daß er sich zu rechter Stunde
bei klugen Leuten Rat geholet hätte.

Einst wollte der gefräß'ge Hecht
es wie die Katzen machen;
ich weiß nicht recht,
ob Neid der Böse in ihm weckte,
ob ihm die Fischkost nicht mehr schmeckte,
genug er bat – ihr werdet lachen –
den Kater, daß er ihn mitnehme auf die Jagd,
zum Mäusefang in Vorratshallen. –
„Doch weißt du, Lieber, auch genau, wie man das macht?"
fragt ihn der Kater. „Gib wohl acht,
du könntest leicht in Schande fallen.
Drum sei nicht dreister,
als klug ist, denn das Sprichwort sagt:
Ein jedes Ding will seinen Meister!" –
„Da sorge nicht, Gevatterchen, was Mäuse!

Wir haben Barsche schon gefangen.“ –
„Das ist was andres, komm!“ Sie sind gegangen.
Der Kater fängt sich leckre Schmäuse,
dann will er doch auch nach dem Hechte sehn.
Doch der liegt da, halbtot, das Maul ist offen,
und oh, was ist geschehn?
Die Ratten haben seinen Schwanz verzehrt.
Der Kater steht betroffen
und denkt, der Hecht hat selber sich betört!
Dann schleppt er ihn für tot in seinen Teich zurück.
Der Hecht lebt auf – er hatte doch noch Glück.
Nun aber, Hecht, nimm dir's zur Lehre,
dich künftig nicht herauszuwagen
aus deiner Sphäre
und nimmer Mäusen nachzujagen!

23. Der Wolf und der Kuckuck

„Nachbar, leb wohl“, so sprach zum Kuckuck Isegrim,
„ich hofft' umsonst, daß ich hier Ruhe hätte.
Die Menschen sind, es sind die Hunde schlimm
und schikanieren um die Wette.
Man könnt' ein Engel sein
und käme nicht heraus aus blut'gen Zänkerein.“ –
„Und ist das Ziel der Reise weit gesteckt?
Wo sind denn wohl die Leute so gemütlich,
daß du mit ihnen leben könntest friedlich?“ –
„Ja, sieh, ich geh' von hier direkt
in die arkadischen Gefilde.
O Nachbar, das ist dir ein Land!
Da ist der Krieg noch unbekannt,
die Menschen dort sind wie die Lämmer milde.
Die Flüsse führen Milch statt Wasser –
kurzum, dort herrscht die goldne Zeit.
Man lebt ganz brüderlich, tut sich kein Leid,
dieweil kein Feind ist und kein Hasser.
Es beißen nicht die Hunde,
man sagt sogar, sie bellen nicht einmal –
und hier mit ihnen welche Qual!

Mal es dir aus in einer stillen Stunde
das schöne Leben auf so holder Flur:
Hier findest du davon auch nicht die kleinste Spur.
Adieu, gedenke freundlich mein,
ich hoff' in kurzem besser zu gedeihn
in Friede, Fülle und Behagen,
wenn ich nicht mehr in Angst und Zagen
mich brauche Tag und Nacht zu plagen." –
„Verehrter Freund, ich wünsche dir viel Glück",
versetzt der Kuckuck, „doch dein Naturell
und dein Gebiß, die lässest du zurück?" –
„Du spaßest wohl, Gesell,
daß ich ein Narr wär', Gott bewahre!" –
„Nicht? Nun so denk an mich, du lässest Haare!"

Wenn's einer selber übel meint,
so schimpft er um so ärger auf die Leute:
Er sieht in jedem einen Feind,
dieweil er selber keinen je erfreute.

24. Der Hahn und die Perle

Beim Wühlen in der Düngerpfütze
fand eine Perle einst der Hahn
und sprach: „Was ist denn da daran?
Das Ding ist gar nichts nütze!
Ist's eine Torheit nicht, daß man so hoch es schätzt?
Mich hätte in der Tat unendlich mehr ergötzt
ein Gerstenkorn – wenn's auch den Glanz nicht hat,
es macht doch satt."

So urteilt auch der Ignorant:
Wovon er nichts versteht, das ist ihm bloßer Tand.

25. Der Bauer und sein Knecht

Wenn uns das Messer an der Kehle sitzt,
so geben gerne wir *dem* gute Worte,
von dem wir hoffen, daß er uns beschützt.
Doch hat er glücklich uns bewahrt vor Leid,
so lohnen oftmals schlecht wir unserm Horte.
Vom Zaune brechen wir den Streit,
und gut noch, wenn wir nicht, von Undank angetrieben,
die ganze Schuld ihm in die Schuhe schieben.

Ein alter Bauer ging mit seinem Knechte
vom Walde heim, es war schon spät;
sie hatten Heu gemäht.
Horch, war es nicht, als ob sich etwas regte?
Ja, plötzlich steht der Petz da auf dem Wasen,
fast stießen sie zusammen mit den Nasen.
Der Alte stehet starr und stumm –
der Bär packt ihn, wirft ihn zu Boden,
tritt ihn und wendet ihn herum
und sucht den besten Fleck, um anzubeißen.
Schon hat der Bauer kaum noch Odem,
er stöhnet unterm Bären jämmerlich.
„Laß mich“, ächzt er „vom Untier nicht zerreißen,
Stepan, ach, laß mich nicht im Stich!“
Der Knecht, ein rechter Herkules, nimmt auch
zusammen seine ganze Kraft,
haut mit dem Beil, daß weit des Bären Schädel klafft,
und bohrt ihm noch die Gabel in den Bauch.
Der Bär heult auf, stürzt hin, verendet –
die schreckliche Gefahr ist abgewendet.
Der Bauer springt empor
und fährt Stepan dann zornig an.
Der ist verblüfft und fragt, was Schlimmes er getan.
„Da fragt er noch, der blöde Tor!
War's nicht genug,
daß man dem Tier den Kopf einschlug,
es wäre schon gestorben.
Noch drein zu stechen! Hast das ganze Fell verdorben!“

26. Der Wagenzug

Ein Wagenzug mit Töpferwaren
hielt einst auf einem steilen Abhang still.
Der Eigner will
den ersten Wagen sacht hinunterfahren,
derweil die andern warten auf der Höhe.
Schier auf dem Rücken trug sein wackres Pferd die Last,
damit nicht jähe
das Fuhrwerk abwärts rast.
Darüber spottet jetzt da oben
ein jugendliches Pferd gar keck:
„Wie albern, solchen Gaul zu loben,
der Wagen kommt ja nicht vom Fleck,
schiebt langsam sich, wie eine Krebsgestalt,
und wär' doch gleich an einen Stein geprallt.
Das geht ja schief und krumm! Sei doch nur dreister!
Da, abermals ein Stoß – ich hab's gewußt –,
du bist kein Meister,
du hättest ja mehr links gemußt,
du Esel! Wär's noch an des Berges Schwelle
und wär' etwa die Nacht dran schuld –
doch so, bergab, bei Tageshelle,
da reißt mir denn doch die Geduld.
Schlepp Wasser lieber, dumme Stute!
Gib acht, wie unsereins es macht:
In der Minute
hab' meine Fuhre ich zu Tal gebracht."
Jetzt krümmt das Tier den Rücken, streckt die Brust
in mutiger Erregung,
die Nüstern schnauben heiße Lust.
Doch kaum setzt es den Wagen in Bewegung,
so drängt die Schwere wuchtig nach.
Das Pferd gedrückt, gestoßen,
fängt an sich zu erbosen,
und jach
saust es davon, als ritten es Hornissen.
An Felsenkanten und in Wasserrissen
wird nun das Tier herumgerissen –
jetzt immer weiter links gezerrt – pardauz!
Im Graben liegt der tolle Kauz

ganz kirre,
um ihn herum die Scherben vom Geschirre.

Wie viele Menschen haben diese Schwäche!
Was andre tun, dünkt ihnen niemals recht,
doch, wenn sie selbst dran gehn, wird's doppelt schlecht,
und selber zahlen sie die Zeche!

27. Die junge Krähe

Ein Aar flog nieder aus der Höhe
auf eine Herde – griff ein Schaf heraus.
Der Anblick reizte eine junge Krähe,
sich auch zu holen einen Schmaus.
Sie ist von diesem Plane so begeistert,
daß sie den Adler meistert.
„Warum denn nahm ein *Schaf* er bloß?
Wenn man schon raubt, so tut man es nicht halb.
Was ist an einem Schafe groß?
Ja, wär' es noch ein Kalb!
Ich werde sicher nicht verfehlen,
ein königliches Stück mir auszuwählen."
Bald schwebt auch unsre Krähe ab zur Herde
und mustert sie mit gieriger Gebärde.
Von all den Schafen, Hammeln, Böcken,
die durcheinander meckern, blöken,
ersieht nach langem Prüfen und Vergleichen
sie einen Schöps sich ohnegleichen.
Das Tier war stämmig, feist vom Fressen
und stark genug, mit Wölfen sich zu messen.
Die Kräh' visiert, fährt dann hinunter schnell
und gräbt sich mit den Krallen in sein Fell.
Da sieht sie freilich, daß das Ding nicht fleckt,
der Schöps steht fest, und was sie mehr erschreckt,
es war sein Haar
so dicht, so wollig, so verzottelt gar,
daß unsre schwarze Freundin ihre Krallen
heraus nicht bringen kann
und endlich selber muß in Knechtschaft fallen.

Die Hirten kamen bald heran
und lösten sie, doch um am Fliegen sie zu hindern,
da stutzten sie die Flügel ihr
und überließen so das Tier
zum Spiel den Kindern.

Es kommt nicht selten auch bei Menschen vor,
daß so ein Schelme aus dem großen Haufen
den noblen Schelm zum Vorbild sich erkor.
Doch: „Kleine Diebe hängt man, große läßt man laufen."

28. Der Elefant als Gouverneur

Hat einer Macht auch und Gewicht,
wenn's ihm an Mutterwitz gebricht,
so hilft ein gutes Herz allein ihm nicht.

Ein Elefant ward Gouverneur im Walde.
Die Elefanten sind ein klug Geschlecht –
doch nicht ein jedes Kind gerät auch recht.
So war auch unser Elefant-Alkalde
beleibt wie seine Anverwandten,
doch simpel, wie sonst nicht die Elefanten.
Indes kränkt wissentlich er keine Mücke.
Da liest der Wackere einmal
der Schafe Klagschrift wider Wolfestücke.
„Wir leiden", hieß es da, „gar große Qual,
man schindet uns, bist du's, der das befahl?"
„Ihr Schurken", schreit den Wölfen zu der Gouverneur,
„wer hat zu solchem Raube euch berechtigt?"
Die Wölfe drauf: „Herr, gib auch uns Gehör!
Hast du nicht selber uns ermächtigt,
zu Winterpelzen leichten Schoß zu nehmen?
Wir finden ihr Geschrei erzdumm,
sie sollten sich doch schämen!
Auf jedes Schaf ein Fell nur um und um,
auch diese Kleinigkeit
tut ihnen leid!" –

„Nun ja", versetzt der Elefant, „das ist es,
ich leide Unbill nicht, von wem es sei,
ein Fell steht allerdings euch frei,
doch nicht ein Härchen drüber, wißt es!"

29. Der Esel und die Nachtigall

Der Esel sah einst Philomelen
und sprach: „O Liebe, hör einmal,
man sagt, du singest kapital,
da will ich's nicht verhehlen,
ich möchte selber gern ein Urteil haben,
ob wirklich so vortrefflich deine Gaben?"
Die Nachtigall erweiset ihm die Gunst,
entfaltet ihre ganze Kunst,
sie flötet sanft, sie trillert mächtig,
ergeht in tausend Wechselweisen sich
gar wonniglich,
sie schleift den Ton und schwellet ihn so prächtig
und weiß des holden Sanges Reiz zu häufen
in kecken Läufen.
Jetzt schmilzt ihr Lied dahin in süßer Pein,
wie wenn von ferne klingen die Schalmein,
und plötzlich wieder schmettert's durch den Hain.
Dem Lieblinge Aurorens alles lauschet,
der Vögel Chor verstummt, kein Windhauch
rauschet,
es horcht und lagert träumend sich die Herde.
Kaum atmend schwelgt der Hirt in diesen Tönen;
nur dann und wann blickt auf mit lächelnder Gebärde
der Glückliche zu seiner Schönen.
Der letzte Ton verrann.
Langohr, die Stirn ernsthaft gesenkt zur Erde,
spricht so: „Ganz hübsch, das muß ich sagen,
man hört dich mit Behagen;
nur schade ist,
daß du mit unserm Hahn bekannt nicht bist,
es könnte dieser Hof-Rhapsode
noch wesentlich verbessern die Methode."

Als diesen Spruch vernahm die arme Nachtigall,
schwang sie sich auf und flog weit über Berg und Tal.

Vor solchen Richtern schütze Gott auch uns zumal!

30. Der Elefant und der Mops

Ein Elefant ward einst straßauf, straßab geführt,
versteht sich, ihn zur Schau zu stellen
– sind Elefanten doch hier seltene Gesellen –,
und hinter ihm ein Gafferschwarm sich rührt.
Da kommt von ungefähr dem Zug ein Mops entgegen.
Als der den Riesen sieht, wirft er sich gleich auf ihn
und bellt und heult und will verwegen,
so scheint's, in Kampf ihn ziehn.
„Hör auf“, sagt ihm der Spitz, „es ist ja eine Schande,
mit Elefanten messen dich, bist du's imstande?
Ganz heiser bist du schon – er aber geht
voll Majestät
und ohne dein Gekläff auch nur zu hören.“ –
„Das soll mich gar nicht stören“,
versetzte der Mops, „das ist's, was meinen Mut erhöht.
Ich brauche meine Haut zu Markte nicht zu tragen
und gelte doch als Raufbold vor der Welt.
Laß nur die Hunde sagen:
Der Mops muß stark doch sein, so was zu wagen,
er hat den Elefanten angebellt.“

31. Der alte und der junge Wolf

Der alte Wolf gedachte, seinen Sohn
zum Wolfsgewerbe zuzustutzen.
Er schickt ihn aus, er soll zu seinem Nutzen
durchspähen jene Waldregion.
Vielleicht will es das Glück,
daß man mit List und Ränken,
mag's auch den Schäfer kränken,

zum Imbiß oder Mittagsmahl erschnappt ein Stück.
Das Bürschlein kommt nach Hause:
„Papa“, spricht es, „komm, säum nicht lang,
am Bergeshang
da gibt es was zum Schmause.
Da gibt es Schafe, o wie nett,
wie fett,
man braucht nur eins zu klemmen,
um recht zu schlemmen;
es sind so viele, daß man kaum sie zählt,
gar leicht ist eins gewählt.“ –
„Halt“, spricht der Wolf, „erst muß ich wissen,
wie's mit dem Hirten steht.“ –
„Ei nun, die Rede geht,
er sei nicht übel, sei des Amts beflissen;
doch als ich um die Herde strich von allen Seiten,
da schienen mir die Hunde gar nicht rege,
sie waren mager und sind, glaub' ich, träge.“ –
„Nun, *der* Bericht kann mich noch nicht verleiten“,
versetzt der alte Wolf, „die Herde lockt mich nicht.
Ist wirklich gut der Hirt und tut er seine Pflicht,
so hält er keine schlechten Hunde;
da setzte es für uns wohl manche Wunde.
Nein, komm, ich bringe dich zu einer Herde,
die schafft uns weniger Beschwerde.
Zwar gibt's da Hunde Kopf an Kopf,
allein der Schäfer ist ein Tropf,
und diese Lehre schöpfe:
Da, wo der Hirt ein Tropf, sind auch die Hunde Tröpfe.“

32. Der Affe

Du magst dich abarbeiten und dich plagen,
doch hoffe nicht, daß man dir zollt
des Dankes oder Ruhmes Sold,
wenn Nutzen nicht dein Tun bringt, noch Behagen.
Beim ersten Morgengraun
kann man den Bauern schon auf seiner Scholle
am Pfluge schaun,

wo er ans Tagwerk setzt die Kraft, die volle,
daß bald von seiner Stirne heiß
in Perlen niedertroff der Schweiß.
Von allen, die des Weges kamen,
ward ihm dafür auch Gruß und Beifallsruf:
„So ist es recht! Nur zu in Gottes Namen!"
Da das dem Affen Mißgunst schuf –
Lob reizt, wer wird danach nicht trachten –,
so will er sich nach diesem Bauer achten.
Er findet einen Klotz, gleich macht er sich daran
mit ernsthaftem Gebaren,
um wie der Bauer zu verfahren.
Er schleppt den Klotz von dann,
stellt ihn bald so, bald wieder so,
und rollt und schleift ihn hin und wieder
und merkt nicht, daß er dresche leeres Stroh.
In Schweiß gebadet sind schon seine Glieder,
und endlich ist er außer Atem,
verwundert, daß kein Mensch rühmt seine Taten.
Da darfst du, Freund, nicht stutzen,
du mühst dich heillos ab, doch bringt es keinen Nutzen.

33. Der Sack

Im Vorgemach lag manches Jahr
ein leerer Sack in einer Ecke ungenutzt:
Es hatte höchstens der Lakaien Schar
sich ihre Stiefeln daran abgeputzt.
Doch plötzlich
kommt unser Sack zu Ehren ganz ergötzlich.
Man füllt ihn nämlich mit Dublonen,
im Geldschrank wird er aufbewahrt;
der Herr tut alles, ihn zu schonen,
und hütet ihn so säuberlich, so zart,
daß ihn kein Wind und kein Insekt berührt.
Jetzt findet bald auch an dem Sack
die ganze Stadt Geschmack.
Sooft bei dessen Herrn ein Freund gastiert,
hebt schmunzelnd er vom Sacke an.

Ist dieser grade aufgeschlagen,
so blinzelt jeder hin mit Wohlbehagen;
darf einer gar sich nahn,
wird sicherlich der Sack getätschelt und gestreichelt.
Da nun dem Sacke alles schmeichelt,
tut er auch groß,
fängt an zu kritisieren
und läßt famose Weisheit los.
Was *der* sagt, sei nicht wahr,
und *dieser* sei ein Narr,
und jener Schaden sei nicht zu kurieren.
Es lauschen alle ihm mit offnem Munde,
obgleich so baren Unsinn schwatzt
der grobgewebte Kunde,
daß schier der Hörer Trommelfell noch platzt.
Die Menschen haben leider das Gebrechen,
es mag ein Sack, hat er nur Gold,
das Allerdümmste sprechen –
sie finden es doch schön und hold.
Blieb denn der Sack noch lange so geehrt,
ward lang er als Orakel noch betrachtet?
Genau so lang, bis man ihn ausgeleert;
dann warf man ihn beiseit,
und seit der Zeit
hat man nichts mehr von ihm gehört.
Es soll die Fabel niemand kränken,
doch wem wird es nicht klar,
wenn er sich ansieht unsre Schenken,
daß deren Pächter ähnlich sind aufs Haar
solch einem Sacke?
Einst trugen sie die schmutz'ge Kellnerjacke.
Und jene Spieler, die vorzeiten
ein Goldstück kannten nur von weitem –
die dann durch sehr zweideut'ge Künste
errafften reichliche Gewinste:
mit Grafen, Fürsten leben sie
jetzt in der besten Harmonie;
mit jenem allgewaltigen Magnaten,
des Vorgemach sie sonst voll Scheu betraten,
jetzt spielen sie mit ihm Boston.
Ein großes Ding ist eine Million!

Doch, werte Herrn, wollt euch darob nicht blähn.
Denn, um die Wahrheit zu gestehn,
verhüte Gott, daß euer Glück sich wandelt,
ihr werdet sonst ganz wie der Sack behandelt.

34. Der Koch und der Kater

Ein Koch, der ganz gebildet war,
lief einst aus seiner Küche in die Schenke.
Daß man dabei nur ja nichts Arges denke!
Es lag ein Pate auf der Totenbahr',
und es war Pflicht, den Leichenschmaus zu feiern.
Den Kater Waska ließ der Koch zu Haus,
dem Mäusevolk zu steuern.
Er kommt zurück, doch welch ein Graus,
der hier sich seinen Augen beut!
Von einer Fischpastete nur noch Reste
umhergestreut –
der Kater hinterm Essigfaß
knurrt, schnurrt und spinnt ohn Unterlaß
und letzet sich an einem Huhn aufs beste.
„Du Vielfraß du, du Schwerenöter",
so fährt der Koch den Kater an,
„du Taugenichts, du Leisetreter,
was hast du hier getan?
Es muß die Scham dich ja erdrücken,
wie kannst du nun
dich vor den Menschen lassen blicken?"
Der Waska putzt an seinem Huhn.
„Du warst bis jetzt so ein honetter Kater,
man pries als Tugendmuster dich,
jetzt schlägst du um, und sicherlich
fragt einer bald den andern: ‚Sag, was tat er?'
‚Ja', heißt es, ‚Waska ist ein Schelm, ein Dieb,
der arg es trieb,
den darf man nicht mehr in die Küche lassen,
ja, es tut not, daß man vom Hof ihn scheucht
wie einen Wolf, der um den Schafstall schleicht.
Man muß fortan auf Schritt und Tritt ihm passen,

zur Plage ward, zur Pest er für den Ort.‘“
Der Waska hört's und tafelt munter fort.
Der Koch ergeht sich noch mit Eloquenz
und findet des Sermons kein Ende,
er deklamiert, er hebt die Hände;
was war zuletzt die Konsequenz?
Derweil den Sünder er ermahnt, belehrt,
hat Waska seinen Braten aufgezehrt.

Gar manchem Koche würd' ich raten,
dies Motto sich zu schreiben an die Wand:
Es ist ein Unverstand,
zu schwatzen, wo zum Ziel nur führen Taten.

35. Der Löwe und die Mücke

Verspotte nicht den Schwachen:
Du wähnst, weil's ihm an Leibeskraft gebricht,
du könntest seiner lachen,
doch schwer fällt oftmals seine Rache ins Gewicht.
Drum poche nicht darauf, wie stark du bist,
und lausche meinem Fabelstücke,
wie einst durch eine Mücke
der Leu für seinen Hochmut ward gebüßt.
Er zeigte nämlich ihr nichts als Verachtung:
Da ward empfindlich
das winzig kleine Tier und kam zu der Betrachtung,
der Gegner sei doch nicht unüberwindlich.
Die Mücke forderte also den Leu heraus
und war ihr eigener Trompeter
mit hellem Summen und Geschmetter.
Der Löwe lacht, doch sie nimmt ernst den Strauß
und geht zu Werke praktisch
und taktisch.
Erst hat sie lange ihren Feind umschwärmt,
dabei gesummt, geschwirrt, gezischt, gelärmt,
drauf fliegt sie in die Höhe –
schießt dann herab mit aller Wucht der Mücken
und bohrt ihm ihren Stachel in den Rücken.

Der Löwe zuckt vor Wehe
und schlägt nach ihr mit seinem mächt'gen Schweife.
Die Mücke weicht geschickt ihm aus,
daß nicht der Schlag sie streife,
und dann mit neuem Saus und Braus
setzt sie dem Feind sich auf die Stirn und saugt das Blut.
Der Löwe wirft den Kopf empor
und schüttelt heftig seine Mähne,
die Mücke ist auf ihrer Hut,
beißt ihn ins Ohr
und wieder in die Nase.
Der Leu wird wild, es knirschen seine Zähne,
und er erhebt ein fürchterlich Gebrüll,
die Tatzen scharren wütend in dem Grase.
Der Wald erbebt, die Tiere werden still
und fliehn,
als stünd' etwa der Wald in Flammen,
als stürzte von den Höhn die Flut zusammen.
Und das bewirkte eine Mücke kühn.
Der Löwe tobte, zappelte, ward endlich matt,
so daß um Frieden er gebeten hat.
Da hat die Siegerin
großmütig ihm verziehn;
dann flog sie in den Wald in bester Laune
und war der eignen Taten Siegsposaune.

36. Der Baum

Ein junges Bäumchen stand im Waldesdüster,
und sah den Bauer mit der Axt sich nahn.
Da bat es ihn mit klagendem Geflüster:
„Oh, ebne mir die Lebensbahn,
indem du lichtest ringsum das Revier.
Ich kann ja nicht gedeihen hier,
wo ich nicht seh' der Sonne Licht;
für meine Wurzeln wird der Raum zu klein.
Die Lüfte selber wehen nicht
zu mir heran, dieweil der Wald so dicht
hoch über mir sein Laubgewölbe flicht.

Wenn der mir nicht verkürzte das Gedeihn,
was bitter mich verdrießt,
so würd' ich binnen kurzer Frist
des Ortes Zierde sein.
Mein Schatten würde weit die Täler decken,
indes ich jetzt so dünn bin wie ein Stecken."
Der Bauer, der dem Bäumchen hold,
greift auch sofort zum Eisen,
ihm den Gefallen zu erweisen.
Ums Bäumchen her wird plötzlich Raum,
ganz wie es hat gewollt.
Doch lange dauert nicht der schöne Traum.
Es wird jetzt von der Sonne bald gesengt
und bald durch Hagelschlag gekränkt,
und endlich bricht ein Sturm es in der Mitten.
„Du töricht Ding", ruft ihm die Schlange zu,
„verschuldest du nicht selbst, was du erlitten?
Wärst du im Wald gewachsen nur in Ruh,
so konnten schaden dir nicht Glut noch Winde.
Die alten Bäume hätten Schutz verliehn,
und wenn dereinst dann morsch ward ihre Rinde,
und sie, der Zeit erliegend, bald
verschwanden aus dem Wald,
so wärest du gediehn
und stark genug geworden,
zu trotzen selbst dem Sturm vom Norden."

37. Die Gänse

Mit seinem langen Stabe
trieb Gänse einst ein Bauer in die Stadt
und hetzte sie zu raschem Trabe.
Die Tiere waren zwar schon matt,
allein er will den Markttag nicht verfehlen,
und wo Gewinn steht auf dem Spiel,
fragt man nach Gans und auch nach Mensch nicht viel.
Ich werde drum nicht auf den Bauer schmälen,
allein der Gänse Standpunkt ist ein andrer;
und da jetzt nahe kommt ein Wandrer,

erhebt die mißvergnügte Herde
bei ihm Beschwerde:
„Gibt es ein härteres als unser Los?
Der Bauer da springt mit uns um,
als wären wir gemeine Gänse bloß,
er ist zu dumm,
um einzusehn, daß Achtung uns gebührt,
da unser Stammbaum sich datiert
von jenen Gänsen, die einst Rom gerettet,
wofür man Feste ihnen hat votiert.“ –
„Sagt mir, wofür *ihr* gerne Ehre hättet?“
so fragt der Wanderer. – „Ja, unsre Ahnen . . .“ –
„Ich weiß, ich las es, doch ich möcht’ erfahren,
welch ein Verdienst ihr schreibt auf eure Fahnen?“ –
„Gerettet haben unsre Ahnen Rom
vor vielen hundert Jahren,
als schon der Feind erklomm den Felsendom . . .“ –
„Ganz recht, doch welches sind denn eure Taten?“ –
„Wir selber taten nichts.“ – „So laßt in Ruh
die Ahnen; ihnen kam wohl Ehre zu,
ihr aber, Freunde, taugt doch nur als Braten.“

Zu dieser Fabel wüßt’ ich manche Glossen –
allein ich will die Gänse nicht erbosen.

38. Die Sau

Die Sau ist in den Herrenhof gebrochen
und streicht um Küch’ und Stall;
da hat sie viel geschnuppert und gerochen
und ist in jedes schmutz’ge Loch gekrochen
und hat im Dreck gewälzt sich überall.
Dann kommt sie heim
als rechtes Schwein.
Der Hirt sie fragt:
„Nun, Grete, was hast du denn dort gesehen?
Man sagt,
daß sich die Reichen blähen
mit ihrer Pracht:

Von Perlen soll es schimmern und Juwelen
in ihren Sälen."
Die Grete grunzt: „Was nur die Leute schwätzen!
Ich habe nichts entdeckt von solchen Schätzen
und habe doch in Pfützen und in Gossen
gesteckt den Rüssel unverdrossen.
Den ganzen Hinterhof durchwühlt' ich kreuz und quer,
ich fand nur Kehricht, Spülicht und nichts mehr."

Ich will mit Parallelen niemand kränken,
doch hat ein Kritikus so blöde Augen,
daß sie das Schlechte nur zu sehen taugen,
muß man da nicht an diese Sau hier denken?

39. Die Fliege und die Reisenden

Es war um Mittag in den Julitagen,
wo man vor Hitze schier verschmachtet,
da sah man einen alten Reisewagen,
mit vielerlei Gepäck befrachtet
und auch mit 'ner Familie von Stand,
sich mühsam schleppen durch den tiefen Sand.
Wohl war mit vieren er bespannt,
allein es ging bergauf,
und fruchtlos quälen sich die armen Gäule.
Vergebens hieb der Kutscher drauf,
das Fuhrwerk stand nach einer Weile.
Der Kutscher springt vom Bock,
winkt dem Lakai, und nun zu zwein
haun sie mit Peitsche und mit Stock
von beiden Seiten auf die Tiere ein.
Umsonst. Man sagt sich jetzt, daß die Karosse
frei werden muß vom Menschentrosse.
Der Junker drum, der wohlbeleibte Vater,
steigt aus, dann Frau und Tochter, dann der Sohn,
zuletzt der Informator.
Zwar rührt sich nun der Wagen schon,
allein er war noch immer überpackt.
Die Pferde keuchen –

wie wird die Höhe man erreichen?
Von ungefähr nimmt eine Fliege wahr,
wie man sich plackt,
und ihr ist auf der Stelle klar,
daß hier geholfen werden müsse.
Sie summt und brummt, so laut sie kann,
trotz Wespe und Hornisse;
umschwirret das Gespann, als ob sie rase,
und sticht den Pferden wacker in die Nase.
Bald sitzt sie auf dem Kutscherbock,
dann wieder auf des Junkers Rock,
und ist so rührig
wie nur ein flinker Käufer auf der Messe.
Nur wundert sie's, daß man vergesse,
ihr beizuspringen, da das Werk doch schwierig.
Die Diener schlendern sorglos, schwatzen, schrein,
den Lehrer hört man mit der Dame flüstern,
der Junker aber, welcher ganz vergißt,
wie wichtig er zum Schutz der Ordnung ist,
schlüpft mit der Dienstmagd in den Wald hinein –
weshalb? Er war nach Pilzen lüstern
fürs Abendessen.
Indessen
klagt ihnen allen summend unsere Fliege,
daß alles nur auf ihren Schultern liege.
Inzwischen hatten doch die Rößlein sacht
die Kutsche auf den glatten Weg gebracht.
„Na", ruft die Fliege, „Gott sei Dank,
setzt euch nur wieder ein, fahrt zu,
mir aber gönnet jetzt auch Ruh;
ich bin ganz krank,
und meine Flügel wollen kaum mich tragen."

Es gibt auch solche Menschen viel:
Sie mengen eifrig sich in andrer Spiel
und sollten doch, ob man sie braucht, erst fragen.

40. Der Adler und der Maulwurf

Wer es auch sei, der einen Rat dir beut –
ihn ungeprüft verschmähn, wär' nicht gescheut.

Einst kam aus einem fernen Reiche
ein Aar mit seinem Weib in einen dichten Wald;
der lockte sie zu festem Aufenthalt.
Sie wählten eine hochbelaubte Eiche,
im Gipfel sich ihr Nest zu baun;
im Geiste sahen sie die Jungen flügge schon.
Der Maulwurf hört davon;
er weiß, dem Baum ist nicht zu traun,
er faßt sich Mut, dem Adler zu erzählen,
der Eiche Wurzeln seien krank,
ihr sei der Sturz gewiß, und zwar nicht über lang,
drum möge seine Hoheit sie nicht wählen. –
Ei, hat ein Aar zu hören auf den Rat,
den aus so niedrer Grube er empfaht?
Von einem Maulwurf gar? Wo bliebe da der Ruhm
des Adlerblickes, der so scharf,
daß sich kein andrer ihm vergleichen darf!
Und soll ein Tier, so blöd, so dumm,
sich mischen in des Vogelfürsten Tun?
Die Sache läßt der Aar auf sich beruhn
und geht ans Werk mit Eifer und mit Eile,
den neuen Sitz zu baun, darin das Weibchen weile.
Und alles ging nach Wunsch. Die Aarin hat auch Junge.
Doch was geschah? Als einst im Morgenlicht
aus Wolkenhöh' der Aar herniederbricht,
mit leckrer Frühkost für der Seinen Zunge,
gewahrt er, daß die Eiche fiel,
im Sturze ihm begrabend Weib und Kind.
Er kennt des Jammers nun nicht Maß noch Ziel.
„Weh' mir", ruft er, „wie blind
war ich, wie grausam muß ich's büßen,
daß ich mich konnte nicht entschließen,
zu hören auf den klugen Rat.
Wer war des aber auch gewärtig,
daß selbst ein Maulwurf Einsicht hat?" –
„Warst du nicht so hoffärtig",

ruft es von unten her, „so hättest du erwogen,
daß es mein Los,
zu wühlen in der Erde Schoß,
daß ich ja dazu bin erzogen
und daß ich, eben in der Wurzeln Nähe,
ob noch gesund ein Baum, am besten sehe.“

41. Das Quartett

Der Affe, der auf Ränke stets bedachte,
Graurock
und Bock
und Petz, der ungeschlachte,
verbanden sich zu einem Quatuor.
Sie holen alles Nötige hervor:
die Noten, Baß und Alt, zwo Geigen
um unter Linden auf dem grünen Plan
die unerhörte Kunst der Welt zu zeigen.
Sie halten hoch die Bogen, setzen an
und streichen wacker, doch es will nicht klappen.
„Halt“, ruft der Affe, „laßt euch nicht ertappen,
natürlich geht das Ding so schlecht,
ihr sitzt ja gar nicht recht.
Du mit dem Basse, Bär, mach Front zum Alte,
derweilen mit der Violin’
ich mich der Bratsche gegenüber halte.
Dann werden wir umsonst uns nicht bemühn,
und unsere Musik entzückt noch Wald und Flur.“
Man setzt sich um,
allein es geht nicht besser drum.
„Gemach, jetzt bin ich auf der Spur“,
schreit nun der Esel, „gleich wird es gelingen,
wenn wir uns nur in eine Reihe bringen.“
Man nimmt auch hübsch in einer Reihe Platz,
doch nach wie vor bleibt es ein wüst Gekratz.
Noch eifriger hat man nunmehr erwogen
mit zänkischem Geschrei,
worin man nur sich so betrogen,
in welcher Ordnung denn zu sitzen sei?

Auf das Gelärme fliegt die Nachtigall herbei.
Die viere bitten sie, den Streit zu schlichten:
„Oh, schenke uns ein Weilchen nur,
uns das Quartett erst einzurichten:
Du hilfst uns sicher auf die Spur.
Wir haben Noten, haben Instrumente,
sag uns nur, wie man sitzen könnte?“ –
„Für diese Kunst, mein’ ich, wird man mit Ohren,
die etwas feiner sind, geboren“,
versetzt die Nachtigall;
„sitzt, wie ihr wollt, in keinem Fall
seid ihr zu Musikern erkoren.“

42. Die Blätter und die Wurzeln

Es war ein herrlich Sommerwetter.
Ein Baum stand still und hoch im Tal,
und breiten Schatten gaben seine Blätter.
Sie flüsterten manchmal
in trautem Zwiegespräch mit den Zephiren:
„Sagt, ist es denn nicht wahr, daß dieses Tal
nur wir so zieren?
Ist nicht durch uns der Baum so dicht belaubt
in grünem Laubeskranze?
Wie käme er zu seinem Glanze,
wenn ihm die Pracht der Blätter wär’ geraubt?
Sind wir es nicht, die bei der Schwüle
durch unsern tiefen Schatten
dem Schäfer bieten wie dem Wandrer Kühle?
Und diese ist’s, die von besonnten Matten
die Hirten her zum Tanze zieht.
In unserm Schutze flötet
die Nachtigall ihr süßes Lied,
wenn früh der Himmel sich und abends rötet.
Und ihr Zephire endlich,
seid ihr nicht auch von uns fast unzertrennlich?“ –
„Man sollte uns nicht ganz vergessen“,
so tönt es jetzt von unten her. –
„Wer spricht denn hier dazwischen so vermessen,

wer seid ihr, wer,
daß ihr mit uns euch einzulassen waget?"
So rauscht durchs Laub die Gegenrede oben. –
„Wie sehr 's euch auch behaget,
euch selbst zu loben,
sind wir es doch, die, abgesperrt vom Licht
und in die Tiefe treibend, euch erhalten.
Wißt ihr es nicht?
Wir sind die Wurzeln von dem Baum,
an dem sich eure Schönheit kann entfalten.
Wiegt euch in eurem selbstgefäll'gen Traum,
doch merkt euch, was uns unterscheidet.
Mit jedem Lenz, bei warmem Wetter,
kommt neu das Laub, doch wenn die Wurzel leidet
und dorrt, so gibt es keinen Baum
und keine Blätter."

43. Der Schwan, der Hecht und der Krebs

Wenn zur Genossenschaft sich Eintracht nicht gesellt,
ist's mit dem Werke schlecht bestellt:
Es gibt nur Quälerei, und man bringt nichts zurecht.

Einst wollten Schwan und Krebs und Hecht
fortschieben einen Karrn mit seiner Last
und spannten sich zu drein davor in Hast.
Sie tun ihr Äußerstes – er rückt nicht von der Stelle.
Die Last an sich wär' ihnen leicht genug,
allein der Schwan nimmt aufwärts seinen Flug,
der Krebs keucht rückwärts, und der Hecht strebt in die Welle.
Wer schuld nun ist, wer nicht, darüber hier kein Wort,
der Karren aber steht noch dort.

44. Der Star

Es hat der eine dies, der andre das Talent:
Doch mancher wird bestrickt
von dem, was andern glückt,
und so befaßt er sich mit Dingen,
die seinem Naturell nicht sind vergönnt
und darum auch mißlingen.
Mein Rat ist, tut, wozu ihr seid geboren,
wo nicht, so ist's betrübt,
denn ihr habt Müh' und Zeit verloren.

Von jung auf hatte sich ein Star geübt
zu singen, wie ein Stieglitz singt,
was auch gelingt.
Er ahmt den Stieglitz nach getreulich,
so wundersam,
daß, wenn man ihn für einen Stieglitz nahm,
so war's verzeihlich.
Auch zollt dem Liede, das so lustig schallt,
gerechtes Lob der ganze Wald.
Ein andrer hätte sich damit begnügt –
doch nun hört er vom Ruhm der Philomele;
und da der Neid in seiner Seele liegt,
so denkt er: ‚Wenn ich ihre Sangart wähle,
so werde ich die Sachen
wohl auch nicht schlechter machen.
Ich singe in der Nachtigall Manier.'
Gedacht, getan:
Er hebt die neue Weise an,
nur ward es leider eine Ungebühr.
Erst war's ein Piepen und ein Scharren,
dann kam ein leises Knarren:
Damit er auch den Triller schlüge,
so meckert er wie eine Ziege;
und endlich fällt er in ein sanft Miaun.
Die Vögel wollen ihren Ohren nicht mehr traun,
er hat sie alle bald verscheucht.
Was hast du nun mit deinem harten Ringen,
Freund Star, erreicht?
Viel besser, wie ein Stieglitz gut zu singen,

als mit Gesang der Nachtigallen
so durchzufallen.

45. Trischkas Rock

An beiden Ellenbogen durchgestoßen
war Trischkas Rock; doch rasch entschlossen
greift er zur Nadel und zur Scher',
verkürzt die Ärmel um den vierten Teil,
und nun fällt's ihm nicht schwer:
Er flickt die Löcher aus, sein Rock ist wieder heil.
Zwar stehn die Arme mehr als billig bloß,
doch ist der Schade denn so groß?
Doch muß er Spott von allen Seiten hören.
‚Halt', denkt er, ‚dessen muß ich mich erwehren,
auch dafür weiß ich Rat;
die Ärmel mach' ich länger als zuvor.'
Und in der Tat,
Freund Trischka ist durchaus kein Tor –
er kappt des Rockes Schöße,
stickt an die Ärmel an und decket so die Blöße.
Jetzt ist er ganz vergnügt, obwohl
sein Rock nicht länger ist als sonst ein Kamisol.
Die Herren machen oft verkehrt die Dinge,
dann sieht man sie sich eifrig mühn,
ob es auf andre Art gelinge,
und endlich meinen sie zu triumphieren.
Doch seht nur hin,
es ist ja Trischkas Rock, in welchem sie stolzieren.

46. Der Eremit und der Bär

Wie sehr erwünscht ein Helfer in der Not erscheint –
nicht jeder weiß das Rechte auch zu finden;
verhüte Gott, daß Toren sich mit uns verbinden,
denn ein beflißner Tor ist schlimmer als ein Feind.

Ein Mann, der ganz verwaist stand in der Welt,
der hatte sich in einen Wald begeben.
Wie man auch rühme nun das Eremitenleben,
nicht jedem Einsamkeit gefällt,
der Mensch will Leid und Freude teilen.
Zwar sagt man mir, es sei doch schön, zu weilen
auf lichter Wiese und im dunkeln Hain,
voll Reiz sei Berg und Tal, der samtne Rasen.
Ja, das mag alles ganz vortrefflich sein,
doch sicher werden auch Natur-Ekstasen
langweilig, wenn man nimmer ist zu zwein.
Auch unserm Eremiten nicht behagt,
daß ihm Gedankenaustausch ist versagt.
Er geht waldeinwärts, nachzuspüren,
ob sich mit niemand lasse konversieren.
Wen fänd' er aber wohl im Wald,
als höchstens Wolf und Bär?
Und richtig kommt, in riesiger Gestalt,
auch Meister Petz daher.
Was blieb da übrig, als den Hut zu ziehn,
sich vor dem Nachbar höflich zu verneigen?
Petz, dem der Grüßer zu gefallen schien,
streckt seine Tatze hin, um Lebensart zu zeigen.
Nach diesem ersten Gruß
stehn beide schon auf gutem Fuß;
drum haben Freundschaft sie geschlossen,
und endlich trennen sie sich gar nicht mehr
als engverbundene Genossen.
Wovon sich unterhielten Mensch und Bär,
an was für Anekdoten, Späßen
ihr Dialog sich weiterspann,
das führte ich sehr gerne an,
wenn Kunde wir davon besäßen.
Der Eremit hält seine Zung' in Schranken,
der Bär ist schweigsam von Natur:
So hinterläßt ihr Zwiesprach keine Spur,
gesetzt, daß sie zuweilen auch sich zanken.
Gewiß ist, daß der Mann sich höchlich freute,
daß Gott ihm diesen Freund beschert:
Er wich dem Petz nicht von der Seite,
Petz nur macht ihm das Leben wert.

Nun wollten beide gern einmal
an einem schönen Tag durch Wald und Fluren streichen
und über Berg und Tal.
Indessen da der Mensch dem Bär an Kraft muß weichen,
so wird auch unser Eremit,
als sich die Wandrung in die Länge zieht,
viel früher müde als der Bär
und humpelt hinter seinem Freunde her.
Das sieht der Petz und äußert klüglich:
„Freund, lege dich zur Ruh,
und, wenn du willst, schlaf immerzu,
ich werde dich bewachen unverbrüchlich."
Der Eremit, der sich nach Ruhe sehnt,
streckt auf den Boden sich und gähnt
und ist bald eingeschlafen.
Der Petz steht Schildwach' und – hat auch zu schaffen!
Dem Freunde setzet eine Fliege
grad auf die Nase sich;
der Petz, auf daß er sie verjüge,
mit seiner Tatze drüber strich.
Die Fliege setzt sich auf des Schläfers Wange,
Petz bläst sie fort,
allein es währt nicht lange,
so ist sie wieder da und wechselt stets den Ort
und läßt sich nicht vertreiben.
Der Petz kann länger nicht gelassen bleiben.
Er raffet stumm
vom Boden einen schweren Kieselstein,
setzt sich auf seine Hinterbein'
und denkt: ‚Ich bin auch nicht so dumm,
wart nur, du sollst es kriegen,
du unverschämteste der Fliegen!'
Drauf gibt er acht,
daß auf des Freundes Stirn das Tier sich niederlasse,
und schleudert dann mit Macht
auf diesen Teil die schwere Kieselmasse.
Es traf der Schlag so gut, daß er den Schädel brach
und Petzens Freund gar lang auf diesem Flecke lag.

47. Die Blumen

Im Prunkgemach, am offnen Fenster, stehn
in buntbemalten Vasen
bei echten Blumen künstliche; sie glänzten schön
auf ihren Stengeln, die von Draht geflochten,
und waren aufgeblasen,
weil sie auf diesen Schimmer pochten.
Da träufelt nieder Regen.
Die taftnen Blumen wollen Zeus bewegen,
daß er dem Regen wehrt,
und man hat sofort schmälen sie gehört.
„O Zeus", so flehn sie, „mach ein Ende,
was soll der Regen nützen?
Wir wüßten nicht, wer dran Vergnügen fände,
er wandelt ja die Straßen nur in Pfützen."
Doch Zeus bot ihrer Torheit nicht die Hände.
Der Regen hielt nun seinen Strich,
vor ihm die Schwüle wich,
er kühlt die Luft, belebet neu Natur,
die Pflanzen stehn verjüngt auf weiter Flur.
Da hat nun auch der echten Blumen Flor
am Fenster schöner sich gestaltet,
der Regen hat gar prächtig sie entfaltet,
so Duft wie Fülle lockte er hervor.
Die künstlichen jedoch sind bar
des Reizes und, fürwahr,
man wirft sie in den Hof hinunter
als Plunder.

Ein echt Talent fühlt nie sich durch Kritik gekränkt:
Das Schöne schlägt sich nicht in Splitter –
es ist gemachter Blumen Flitter,
der sich durch Regen sieht bedrängt.

48. Der Bauer und die Schlange

Den Bauer bat die Schlange um Quartier.
Sie will durchaus nicht müßiggehen,

nach seinen Kindern will sie sehen;
verdientes Brot, das schmeck' am besten ihr.
„Ich weiß zwar", spricht sie, „daß im schlechten Rufe
die Schlange bei euch Menschen steht;
ihr stellt sie, was Moral angeht,
wohl auf die tiefste Stufe.
Sie sei, so geht uralt die Sage,
von schnödem Undank voll,
entrichte nicht der Freundschaft ihren Zoll,
ja, daß die eigne Brut sie frißt, sei außer Frage.
Gut, es mag sein, doch ich bin nicht von solchem Schlage:
Ich mochte niemanden noch beißen,
und mir liegt alle Grausamkeit so fern,
daß herzlich gern
den Giftzahn ich mir ließ' ausreißen,
wenn ich nur wüßte,
daß ich davon nicht sterben müßte.
Kurzum, mein Freund, dir darf nicht bangen,
ich bin die beste aller Schlangen:
Welch eine Liebe werd' ich deinen Kindern weihn!" –
„Sollt' alles das auch lautre Wahrheit sein",
der Bauer jetzo spricht;
„dich nehmen könnt' ich dennoch nicht.
Wenn solch ein Beispiel Bahn sich bricht,
so dauert es nicht lange,
daß sich für eine gute Schlange
einschleichen hundert schlimme
und unsre Kinder richten all zugrund.
Auch dies, Verehrte, tu' ich dir noch kund,
mir sagt die innre Stimme:
Die beste Schlange taugt gleichwohl zum Teufel nichts."

Ihr Väter, merket ihr den Zielpunkt des Gedichts?

49. Der Bauer und der Räuber

Ein Bauer, der ein Häuschen sich gezimmert,
kauft auf dem Jahrmarkt sich ein Melkfaß und 'ne Kuh
und schlendert damit seinem Dorfe zu,

auf einem Waldweg, unbekümmert.
Da kommt ein Räuber über ihn,
der schält ihn blank wie eine Linde.
„Erbarmen", ruft der Bauer, „ich bin hin!
Wie willst du, daß ich Trost mir finde?
Gesammelt hab' ich zu der Kuh ein ganzes Jahr,
ich konnte kaum den heut'gen Tag erwarten!"
Das rührt den Räuber selbst, den harten.
„So raufe dir nur nicht das Haar",
spricht er, „denn wahrlich war ich dumm,
ich melke Kühe nicht zum Glück;
so sei es drum,
da nimm dein Melkfaß nur zurück."

50. Der Löwe als Jagdgenosse

Der Fuchs, der Wolf, der Leu, der Hund,
die lebten alle vier
in einem und demselben Waldrevier
und schlossen miteinander einen Bund.
Sie kamen nämlich miteinander überein,
gemeinschaftlich das Weidwerk zu betreiben,
gemeinschaftlich sollt' auch die Beute sein.
Nun traf es sich
gar wunderlich,
auch wüßt' ich es nicht näher zu beschreiben,
genug, es fing sich einen Hirsch der Fuchs.
Er schickt die Boten flugs,
dem Pakt gemäß, an seine Kameraden,
zur Teilung einzuladen.
Man stellt sich lüstern ein. Der Löwe reckt die Krallen
und sieht sich scharf ringsum:
„Vier wären wir", spricht er, „ihr Freunde und Vasallen;
den Hirsch zerreiß' ich in vier Stücke drum.
Und jetzt zur Teilung. Dies hier ist mein Teil
laut dem Vertrage:
Das zweite eignet mir, als Löwen, ohne Frage;
das da ist mein, derweil
ich hier der Stärkste, und – bei meiner Tatze! –

wer nur die Pfote bringt ans vierte Teil,
der kommt lebendig nicht vom Platze!“

51. Die Bauern und der Fluß

Die Bauern waren außer sich geraten
ob der Zerstörung
und traurigen Verheerung
durch Bäch’ und Flüßchen, die da übertraten.
Zu klagen gingen sie drum an den Fluß,
in den die kleinen Wasser sich verlieren.
Es gab genug zu denunzieren,
denn welch ein bitterer Verdruß!
Die Wintersaat ist aufgewühlt,
die Mühlen, durch das flutende Gedränge,
sind eingestürzt und weggespült
und Vieh ertränkt in übergroßer Menge.
Doch jener Strom fließt still, wenn auch voll Majestät;
an seinem Ufer große Städte stehn,
und hat man denn wohl je gesehn,
daß solche schlimme Streiche er begeht?
Wenn wir bei ihm uns jetzt beschweren,
wird er den Übeltätern wehren –
so kann die Bäuerlein man reden hören.
Doch ach, als sie dem Fluß sich nahn,
was müssen sie erblicken?
Da schwimmt, es ist kein Augenwahn,
ihr halbes Gut auf seinem Rücken!
Nun wollen sie nicht unnütz sich bemühn,
sie sehen nur dem Strome nach
und schütteln nur die Köpfe.
Dann, allgemach,
sieht man sie heimwärts ziehn.
„Da wären wir ja Tröpfe“,
so sagen sie, „wenn wir die Zeit verlören
mit Klageführen, Jammern, Heulen;
vergeblich wird man über Kleine sich beschweren,
wenn mit den Großen sie zur Hälfte teilen.“

52. Der gutherzige Fuchs

Ein Jäger schoß einst eine Drossel tot.
Doch wär' des Jammers damit nur ein Ende!
Er hat drei Junge auch gestürzt in bittre Not,
man beut ja Waisen nicht so bald die Hände.
Dem Ei entkrochen kaum, sind sie noch stumpf und
schwach,
und Hunger hat und Kälte jetzt
scharf ihnen zugesetzt;
gar kläglich wimmern sie der Mutter nach.
„Wer wäre nicht betreten
bei solchen Nöten,
und wessen Herz empfände Mitleid nicht?" –
Es ist der Fuchs, der dies zu allen Vögeln spricht
von einem Stein herab, dem Neste gegenüber.
„Laßt, Freunde, doch die Kleinen nicht verkommen,
ihr Los wird stündlich trüber.
Wenn ihr ein Körnchen je zu bringen euch bestrebt,
wenn ihr ein Hälmchen je ans Nest noch klebt,
es wird zu ihrer Rettung frommen.
Was ist wohl heil'ger, als barmherzig handeln?
Du, Kuckuck, bist ja in der Mauserzeit
und mußt dich wandeln,
laß doch nur rupfen gleich dein altes Kleid,
es gäbe Federn für ihr Bette,
von denen sonst doch niemand etwas hätte.
Du, Lerche, was hast du in Lüften
zu steigen, dich herumzuschwingen –
im Tale solltest du, in Klüften,
nach Futter spähn und ihnen davon bringen.
Du, Taube, deine Jungen sind schon flügge,
sie finden selber Atzung zur Genüge,
du könntest dreist dein Nest verlassen
und statt der Mutter auf die Waisen passen –
du stellst die eigne Brut
in Gottes Hut.
Du, Schwalbe, könntest auch was leisten,
du könntest Fliegen fangen
zum Leckerbissen für die früh Verwaisten,
wie werden sie danach verlangen!

Du aber, holde Nachtigall,
du weißt, wie alle labt dein süßer Schall –
derweil der Zephir sanft das Nestlein wiegt,
lullst du das Kleeblatt ein, bis es in Schlummer liegt.
Kurz, mit so zarter Pflege, glaubt,
ersetzt ihr ihnen, was der Tod geraubt.
Hört denn auf mich, laßt uns bekunden,
daß auch der Wald noch milde Herzen hegt,
und daß ..." – hier hat sich ein Geräusch geregt:
Die armen Kleinen haben sich gewunden
in Hungers Qual,
und alle drei zumal
sind sie gefallen zu des Fuchses Füßen.
Und nun? Der Fuchs? Er ließ sich's nicht verdrießen,
er hat den Schluß der Litanei vergessen
und sie gefressen.

Ja, Leser, wundere dich nicht,
der brave Mann ist nie ein Freund von Worten,
er tut das Gute still und schlicht.
Wer es nur predigt allerorten,
der ist vielleicht auf andrer Kosten gut,
vor eignem Nachteil aber auf der Hut.
Sonst machen's solche Leute alle
wie Reineke in diesem Falle.

53. Der Landtag

Machst eine Ordnung du, und sei sie noch so gut,
sei auf der Hut;
wenn die Vollstrecker sind gewissenlose Leute,
so finden sie ein Loch und sichern sich die Beute.
Den Löwen bat der Wolf: „Mach mich zum Vogt der Schafe."
Nun dreht' es Pate Füchsin schlau,
daß man ein Wörtlein steckt der Königsfrau.
Doch da der Wölfe Ruf für Gegner eine Waffe
und es nicht heißen darf, parteiisch sei der Leu,
so kam Befehl, es solln die Tiere ohne Scheu

versammelt tagen,
und jegliches soll man befragen,
was Gutes oder Böses sei vom Wolf zu sagen.
Und so geschieht's; die Tiere sind geschart;
gestimmt wird nach dem Rang, den man mit Sorgfalt
wahrt,
doch gegen unsern Wolf fällt nicht ein Wort.
So führt man in den Schafstall ihn sofort.
Was haben denn die Schafe wohl gesagt?
Sie haben doch auch mitgetagt?
Das ist es eben, die vergaß man richtig,
und war's nicht, sie zuerst zu fragen, wichtig?

54. Demjans Fischbrühe

„Mein Herzensnachbarlein,
so iß doch noch, oh, sag nicht nein!" –
„Freund ich bin übersatt." – „Was will das sagen?
Ein Tellerchen faßt immer noch der Magen:
Das Süppchen ist doch wohl ein leckrer Schmaus?" –
„Ich aß drei Teller voll." – „Ach, wer wird zählen?
Laß es am rechten Eifer nur nicht fehlen,
lang tapfer zu, mach reines Haus!
Sieh, auf der Brühe glänzt so gelb das Fett,
als wäre sie mit Bernstein überzogen;
iß mir zuliebe, Freund, sei so gewogen,
sieh, da schwimmt Brachsen, da ein Stück Sterlet –
nur ein paar Löffel noch – so hilf doch bitten, Frau!"
So setzt Demjan dem Nachbar Foka zu
und gönnt ihm weder Rast noch Ruh.
Dem Foka perlt der Schweiß schon auf der Stirn wie Tau,
trotzdem nimmt er den Teller noch,
rafft seine letzte Kraft zusammen
und leert ihn. – „Nun, das heiß' ich Freundschaft doch",
ruft froh der Wirt, „das Sprödetun muß man verdammen.
Nun noch ein Tellerchen, mein Lieber!"
Da packt's den armen Foka wie ein Fieber,
wohl ißt er Fischbrüh' gern,
doch daß vor solcher Marter er sich schütze,

greift er blitzschnell zum Gürtel und zur Mütze
und ist schon fern
und rennt nach Haus in atemloser Hast –
Demjan sah niemals wieder seinen Gast.

Wohl dir, wenn dir des Schaffens Gabe eigen,
doch weißt du nicht zu rechter Zeit zu schweigen,
dem Ohr des Nächsten Schonung zu erzeigen,
so ist umsonst all deine Mühe:
Denn deine Verse sowie deine Prosa –
ich sag' es dir sub rosa –
sind unwillkommner als Demjansche Brühe.

55. Die Maus und die Ratte

„Frau Nachbar, hast du schon die frohe Mär' gehört",
so sprach die Maus, hereingehuscht zur Ratte,
„die Katze fiel dem Löwen in die Klaun, nun stört
und jagt sie uns nicht mehr, die list'ge, glatte." –
„Frohlocke nicht, mein Schatz",
versetzt darauf die Ratz,
„und gib nur auf dein eitles Hoffen:
Kam es zum Kampf mit Klauen und mit Krallen,
so ist der Löwe tödlich auch getroffen;
die Katze ist das stärkste Tier von allen!"
Wie oft hab' ich erlebt, was sich auch euch wohl beut;
wenn jemand ist ein Hasenfuß
und ihm ein Gegner macht Verdruß,
denkt er, daß alle Welt den auch so ängstlich scheut.

56. Der Bär bei den Bienen

Zum Hüter ihrer Bienenstöcke
erwählten einst im Lenz die Tiere – wen? – den Bär.
Es gäb' ein anderer wohl bessere Gewähr –
bekannt ist ja, daß Petz gern Honig schlecke –,
nachträglich gäb's auch nicht Verdruß;

doch wer erwartet denn von Tieren klugen Schluß?
Gemeldet hatten viele sich,
man wies sie alle fort;
und – es ist wirklich lächerlich –
der Bär läuft glücklich ein in diesen Port.
Nun aber ging's doch schlimm,
da Petz gar ungestüm
schleppt allen Seim in seine Höhle.
Wie's ruchbar wird, erhebt man groß Geschrei,
setzt nieder ein Gericht, daß alles formstreng sei.
Mein Petz wird abgesetzt mit dem Befehle,
daß in der Höhle er den Winter liegen muß.
Man hatte inquiriert, deliberiert,
dann judiziert, protokolliert,
den Honig aber nicht restituiert.
Petz, der bisher geregt nicht Hand noch Fuß,
empfahl sich jetzt und trat
den Rückzug an in seines Lagers warme Gründe,
saugt dort die Honigpfote früh und spat
und sinnet schon auf neue Sünde.

57. Der Spiegel und der Affe

In einem Spiegel sah sein Bild der Affe.
Sacht stößt den Bär er an:
„Sieh doch nur her, Gevattersmann,
was ist das für ein fratzenhafter Laffe?
Was macht er für Grimassen?
Wenn dieses Bild mir irgend ähnlich wäre,
ich würde selbst mich hassen,
ich schnürte mir die Kehle zu, auf Ehre!
Zwar das muß ich gestehn,
man kann in meiner Sippschaft solche sehn,
ich könnte an den Fingern her sie zählen." –
„Wozu?" meint Petz. „Ich möchte dir empfehlen,
dich zum Vergleiche selber nur zu wählen."
Doch in den Wind gesprochen war der Rat.

Und in der Tat,
kein Mensch will in Satiren sich erblicken.
Klims Hände sind nicht rein, das ist bekannt;
man liest, zu ihm gewandt,
von Sportelnehmen ein Gestichel –
doch er, mit schlauem Nicken,
zeigt heimlich auf den Michel.

58. Der Schatten und der Mensch

Es wollt' ein Kauz einst haschen seinen Schatten.
Er geht ihm nach – der weicht – er schreitet baß –
der Schatten auch – er läuft bis zum Ermatten –
wie flink er ist, der Schatten wird nicht laß
und gibt sich nicht, als wär's ein Schatz.
Da dreht der Mensch sich um mit einem Satz –
und sieh, ihm nach jagt nun der Schatten.
Ihr Schönen, oft hab' ich gehört –
ihr meint doch nicht? Gewiß es gilt nicht euch –,
nein, daß Fortuna auch uns so betört.
Der eine geht ins Zeug
und müht sich ab, sie zu erlangen –
der andre, der sich, scheint's, nicht an die Dame kehrt,
dem grade ist sie nachgegangen.

59. Der Bauer und das Beil

An einer Hütte zimmert voller Ungeduld
ein Bauer. Da es nicht recht glückt,
flucht auf sein Beil er wie verrückt,
und was er selbst verpfuscht, das Beil allein ist schuld;
er schimpft, daß es ein Grauen.
„Du Nichtsnutz", droht er ihm, von Zorne heiß,
„hinfüro sollst du Klötze hauen,
derweil ich mit Geschick und Fleiß
auch ohne dich zu raten weiß:
Was andre mit dem Beil, das mach' ich mit dem Messer

noch besser.“ –
„Ich muß vollbringen, was mir aufgetragen“,
versetzt das Beil ganz leise,
„dein Wille ist Gesetz, da ist nicht viel zu fragen,
auch dien’ ich dir in jeder Weise.
Doch hüte dich, die Sache zu verschlimmern,
denn sieh,
mich machst du stumpf und kannst doch nie
mit einem Messer Häuser zimmern.“

60. Der Elefant in Gnaden

Einst kam beim Leu der Elefant in Gnaden.
Im Nu erfuhr’s der ganze Wald,
und, wie’s so geht, man fragt alsbald,
wodurch der Elefant wohl Gunst auf sich geladen.
Er ist nicht schön, er ist auch nicht pläsierlich,
und seine Haltung keineswegs manierlich –
so heißt es in der Tiere Schar.
„Ja“, sagt der Fuchs und rümpft die Nase,
„hätt’ er den buschigen Schwanz, dann zwar
könnt’ ich’s begreifen.“ – „Oder auch, Frau Base“,
versetzt der Bär, „wenn er durch gute Tatzen
sich Gunst errang,
so wär’ nicht viel davon zu schwatzen –
doch Tatzen hat er nicht, ihr wißt es lang.“ –
„Da ist es wohl der Hauer Zier“,
so fällt hier ein der Stier,
„was ihm hat Gunst erweckt,
man nahm sie gar für Hörner schier.“ –
„Ihr wißt es also nicht“,
so schreit der Esel jetzt, die Ohren hoch gereckt,
„was ihm verlieh so viel Gewicht,
daß ihn der Herrscher nahm in Eid und Pflicht?
Nichts weiter, soviel ist mir klar,
als nur sein langes Ohrenpaar.“

Nicht selten rühmen wir, was andre haben,
um uns zu brüsten mit den eignen Gaben.

61. Die Wolke

Ein Landstrich lag, vom Sonnenbrand versengt, in Trauer.
Darüber hin zog eine Wolke schwer.
Nicht einen Tropfen gab sie zur Erquickung her,
ins Meer ergoß sie ihre Regenschauer
und hat damit noch vor dem Berge großgetan.
„Was schufst du denn für Segen?"
hält ihr der Berg entgegen.
„Mich jammert nur dein Großmutswahn.
Es ist ein wahrer Fluch!
Hättest den Feldern Regen du gespendet,
du hättest Hungersnot vom Land gewendet.
Das Meer hat ohne dich des Wassers schon genug."

62. Der Frosch und Zeus

Im Frühling ward es einst in seinem Sumpf
am Bergesfuß dem Frosch zu dumpf.
Drum hüpft er auf des Berges Spitze
und wählt ein Schlammloch sich zum neuen Sitze.
Ringsum wuchs Gras, den Schatten gab Gesträuch,
er fühlt sich wie im Himmelreich.
Doch lange freut er sich nicht des Genusses,
der Sommer kommt, und – welche Pein! –
der Wohnsitz Meister Quaquaks trocknet ein,
die Fliegen gehn darin jetzt trocknen Fußes.
Da ruft er: „Weh mir Armen,
ihr Götter, habt Erbarmen!
Das Land setzt unter Wasser bis zur Bergeshöh',
zu meinen Gunsten,
dann gibt es einen schönen See,
auf meinem Gut kann dann das Wasser nie verdunsten."
So schreit der Frosch, wird müde nimmer
mit Quaken und Gewimmer
und wagt es endlich, Zeus zu schelten,
daß Mitleid nicht noch Gründe bei ihm gelten.
„Du Blödian!" spricht jetzt der Gott
(er war wohl just nicht allzu schlimmer Laune),

„du machst mit deinem Jammern dich zum Spott.
Ich soll um deinetwillen
das Menschenvolk ersäufen? Man erstaune!
Wär's denn nicht besser, daß du ganz im stillen
in deinen Sumpf zurück dich senktest
und weder Sterbliche noch Götter kränktest?"
Es gibt gar viele,
die für das eigene Ich sich nur erwärmen
und, kommen sie nur selbst zum Ziele,
um einer Welt Verderben sich nicht härmen.

63. Der Fuchs als Architekt

Ein König Nobel liebte Hühner über alles;
nur will die Züchtung gar nicht recht gedeihn –
und freilich konnt' es auch nicht anders sein
bei der Beschaffenheit des Hühnerstalles.
Er war zu schlecht vermacht,
da kommen über Nacht
die Diebe, das begreift sich,
und manches Huhn auch noch verläuft sich.
Zu steuern gründlich dem Verdruß,
faßt König Nobel den Entschluß,
sich einen großen Hühnerhof zu bauen,
ganz kunstgerecht und wohlverwahrt,
daß Diebe sich nicht mehr herangetrauen,
den Hühnern angenehm nach ihrer Art.
Da hat man denn dem Könige gesteckt,
es sei der Fuchs ein großer Architekt;
drum wird also der Bau ihm aufgetragen.
Der Fuchs beginnt und endet ihn mit Glück,
er tut sein Äußerstes, das muß man sagen,
und jeder ruft: „Ein Meisterstück!"
Da war auch alles, was man kann verlangen,
bequeme Futterplätze, Stangen,
ein Schutzdach gegen Frost und Hitze
und auch zum Brüten stille Sitze.
Dem Fuchs wird große Ehr' und Lob zuteil
und reichliche Belohnung;

Befehl ergeht sodann, die Hühnerschar in Eil'
zu bringen in die neue Wohnung.
Doch führte die Veränderung zum Heil?
Nein. Freilich schien der Hof geschlossen gründlich
und die Umzäunung dicht und hoch –
und doch,
der Hühner werden weniger allstündlich.
Man weiß sich vor Erstaunen nicht zu lassen,
doch nun befiehlt der Leu, scharf aufzupassen,
und wen hat man betroffen?
Den Fuchs, den Bösewicht!
Sein Bau zwar war solid und dicht,
daß keiner leicht ins Innre bricht:
Nur für sich selbst ließ er ein Schlüpfloch offen.

64. Der Wolf und die Hirten

Ein Wolf kam einer Hürde einst ganz nah
und sah durch die Umzäunung zu,
wie aus der Herde sich den besten Hammel kürten
die Hirten, auszuweiden ihn in Ruh,
indes die Hunde sich nicht rührten.
Da sprach er zu sich selbst, indem er mürrisch ging:
„Welch einen Lärm die Leute wohl verführten,
wenn ich mich dessen unterfing!"

65. Der Kamm

Einst kaufte eine Mutter ihrem Knaben
ein Kämmlein, das ihm wohlgefiel.
Er wollt' es immer bei sich haben,
beim Buchstabieren wie beim Spiel.
Er kämmte sich damit vergnügt die Locken,
sie waren gelb wie Gold,
niedlich gerollt
und weich, wie feiner Flachs am Wocken.
Was für ein Kamm war's aber auch! Die beste Ware!

Da man mit Recht den Kamm doch preist,
der gar nicht reißt
und leichten Striches gleitet durch die Haare.
Drum dünket er dem Knaben auch ein Schatz.
Da war einmal der Kamm verschwunden,
als drauf der Knab' mit einer wilden Hatz
von Buben auf dem Grasplatz spielt,
so war in wenig Stunden,
sein Haar zerzauset und verwühlt.
Die Amme will das Haar ihm schlichten,
der Knabe leidet es mitnichten.
„Wo ist mein Kamm?" so schreit er.
Der Kamm wird wieder aufgefunden
und angesetzt, doch will er nicht recht weiter;
er reißt und kratzt, schon ist die Haut geschunden.
Der Knabe weint und ruft mit Grimm:
„Was bist du, böser Kamm, so schlimm?"
Der Kamm versetzt: „Mein Freund, ich bin noch, der ich war,
verwühlt ist nur dein Haar,
daher der Schaden."
Der Knabe aber, voll Verdruß,
wirft seinen Kamm rasch in den Fluß.
Jetzt kämmen sich damit Najaden.

Ich hab' es oft erfahren,
daß mit der Wahrheit auch man so verfährt.
Solange das Gewissen ist im klaren,
ist uns die Wahrheit lieb und wert,
man hört sie gern, sie wird verehrt.
Sobald jedoch die Seele nicht mehr grade,
so findet auch die Wahrheit keine Gnade;
und niemand ist, der gern sich kämmt,
wenn wüstes Haar des Kammes Zähne hemmt.

66. Die beiden Fässer

Zwei Fässer fuhren einst daher,
das eine war voll Wein,

das andre leer.
Das erstere kam sacht und fein
im Schritt gezogen,
das andre jagt verwogen.
Das Pflaster dröhnt von seinem donnergleichen Lauf,
und Wolken Staubes wirbelt's auf:
Man weicht ihm ängstlich aus nach allen Seiten,
wie man's nur rollen hört von weitem.
Doch wie das Faß auch lärmt und tost,
es nützt wie jenes nicht, bringt Labung nicht noch Trost.

Wer, was er vorhat, gern mit allen breit bespricht,
verrät gewiß viel Überlegung nicht.
Wem's ernst zu wirken ist, kann vieler Wort' entraten,
es macht der große Mann sich laut – durch seine Taten,
und sinnet über seinen starken Willen
im stillen.

67. Die Schafe und die Hunde

Bei einer Herde Schafe ward,
damit sie vor den Wölfen sichrer wären,
der Hunde Zahl beschlossen zu vermehren.
Nun? Ja, es ward so zahlreich diese Art,
daß zwar von Wölfen nichts mehr zu befürchten stunde,
doch auch die Hunde wollen Fraß;
erst rupften sie die Schäflein baß,
dann schunden nach dem Los sie kranke und gesunde –
dann blieben übrig fünf bis sechs, und ohne Spaß,
den Rest, den fraßen sie dann auch noch auf, die Hunde.

68. Das Begräbnis

Wenn man am Nil begrub und hatte Geld genug,
so ließ man Klageweiber dingen,
die heulend hinterm Sarge gingen.
Bei einem prächtig-schönen Leichenzug,

gab eine solche Schar mit Jammern
dem Toten das Geleit
aus diesem kurzen Leben zu den Kammern,
die steter Ruhe sind geweiht.
Ein Fremder sieht's; denkt, daß vor Herzenskummer
die Anverwandten schrein,
und spricht: „Wenn man aus seinem Schlummer
den Toten weckte, würd' es euch nicht freun?
Ich bin ein Magus und kann das bewirken
durch Formeln aus den heimischen Bezirken;
in kurzer Zeit weck' ich den Toten auf." –
„Wohl, Vater", rufen sie, „laß deiner Kunst den Lauf.
Um eins nur bitten wir recht sehr,
daß nach fünf Tagen
er tot auch wieder wär'!
Daß lebend er genützt, wir wüßten's nicht zu sagen,
auch würd's ihm künftig kaum gelingen;
doch stirbt er, wird zu seiner Ehr'
man sicher uns zum Heulen wieder dingen."

Wie viele Große gibt's, die erst durchs Sterben
sich irgendein Verdienst erwerben!

69. Der arbeitliebende Bär

Ein Bär sah, daß ein Bauer
Krummhölzer machte und sehr gut verschliß.
Zwar braucht man Zeit dazu und Ausdauer.
‚Doch', denkt der Bär, ‚ich mach' es auch gewiß.'
Da gibt's im Wald ein Krachen und ein Knistern,
man hört den Lärm werstweit:
Freund Petz bricht zahllos Nußholz, Birken, Rüstern.
Doch o das Leid!
Das Handwerk will sich nimmer schicken.
Er geht den Bauer an mit bravem Bücken
und fragt: „Woran mag's liegen?
Zwar brech' ich Bäume ohne Zahl,
doch keinen kann ich biegen.
Hilf, Nachbar, mir doch aus der Qual.

Wo liegt die Schuld?"
Der Nachbar spricht:
„Darin, daß dir gebricht
Geduld."

70. Der Mäuse Rat

Es fiel einmal den Mäusen ein,
trotz allen Katzen Ruhm sich zu gewinnen
und so beherzt, so schlau zu sein,
daß Köche und Beschließerinnen
vor Ärger kämen schier von Sinnen.
Die Fama soll's posaunen,
wie kühn gekämpft das Mausgeschlecht;
in Kellern wie auf Böden soll man staunen.
Damit jedoch die projektierten Taten
auch wirklich gut geraten,
so finden sie es recht,
erst abzuhalten einen großen Rat.
Doch keine Maus soll darin tagen,
wenn nicht der Schwanz des Leibes Länge hat.
Die Mäuse nämlich sagen,
daß von jeher die langgeschwänzten
durch Geist und Gaben ganz besonders glänzten.
Ob hier die Mäuse schossen einen Bock,
das bleibe unerörtert vorderhand;
wir selber messen oft ja den Verstand
nur nach dem Barte oder nach dem Rock.
Genug, es ward beschlossen:
Wer zu den langgeschwänzten zählt,
gehöre zu des Rats Genossen,
wem aber dieser Schmuck zum Unglück fehlt,
und hätt' er in der Schlacht ihn auch verloren,
der sei zum Mitglied nicht geboren.
Denn man erwägt,
daß, wer den eignen Schwanz nicht konnte wahren,
auch das Gesamtgeschlecht
gar leicht aussetze ähnlichen Gefahren.
Nachdem nun dies Prinzip

das Mäusevolk auf seine Fahne schrieb,
ward ausgemacht,
daß man im Mehlbehälter sich vereine,
sobald hereingebrochen sei die Nacht.
Zur rechten Zeit kommt alles auf die Beine,
man nimmt im Sitzungssaale Platz.
Doch was ist das? In der geschwänzten Mitte
sitzt eine schwanzberaubte Ratz.
Drob zieht ein Mäusejunker eine Fratz',
stößt eine Alte an und sagt: „Ich bitte,
sieh doch, wie kam denn die herein?
Wo bleibt denn unsre Satzung, unsre Sitte?
Bring doch sofort den Antrag ein,
daß sie den Saal verlasse.
Du weißt, die nichtgeschwänzten unsrer Rasse
sind gänzlich unbeliebt.
Was kann die Ratte denn auch nützen?
Der Anblick ist ja höchst betrübt;
sie scheiterte ja selbst an der fatalen Klippe,
sie konnte ihren eignen Schwanz nicht schützen
und bringt Verderben nur der ganzen Sippe." –
„Sei still nur, was du sagst, ist alles mir bekannt,
doch diese Ratte ist mir anverwandt."

71. Der Müller

Durch eines Mühldamms Leck das Wasser floß.
Der Schade wär' leicht zu kurieren,
wenn man sich wacker wollte rühren;
der Müller aber legt die Hände in den Schoß.
Von Tag zu Tage ärger wird das Leck,
das Wasser strömt wie aus 'nem Eimer.
Auf, Müller, sei kein Träumer,
sonst gibt es einen großen Schreck.
Der Müller spricht: „Das hat doch nichts zu sagen,
ich brauche ja doch keinen Ozean;
das Wasser reicht bei meinen Tagen."
So wird auch wirklich nichts getan.
In raschem Fortgang wächst das Übel,

schon stürzt das Wasser wie aus einem Kübel,
und endlich ist das Unheil da.
Der Mühlstein steht, die Mühle kann nicht mahlen.
Als das der Müller sah,
gereute ihn sein töricht Prahlen.
Und freilich nun
sucht ernstlich Einhalt er zu tun.
Als er am Damme sich den Riß besieht,
erblickt er seinen Hühnerhaufen,
der an den Fluß zu trinken zieht.
„Verwünschtes Federvieh, vertrackte Brut",
so schreit der Müller, der in Zorn geriet,
„müßt ihr das Wasser vollends mir aussaufen?"
Er wirft mit einem Scheite in den Schwarm
und trifft ihn gut.
Was aber richtete damit er aus?
Er kommt nach Haus,
an Wasser wie an Hühnern arm.

Ich kenne wunderliche Herren,
und ihres Treibens eingedenk,
mach' ich die Fabel denen zum Geschenk,
die sich durchaus nicht sperren,
für Plunder Tausende zu geben –
dagegen meinen sie, die Wirtschaft sehr zu heben,
wenn sie das Endchen einer Kerze hüten
und mit der Dienerschaft drob wüten.
Ist nicht bei solchem Sparsystem verständlich,
daß bald im Hause alles schwankt,
bedenklich wankt,
und daß der Umsturz folget endlich?

72. Der Verschwender und die Schwalbe

Ein lustiger Kumpan
kam einst durch eine Erbschaft zu Vermögen.
Er lebte nun in Saus und Braus,
so daß der ganze Segen
in kurzem war vertan.

Nur einen dicken Pelz behielt er noch im Haus,
und zwar,
weil's grade Winter war
und der Gesell die strenge Kälte scheute.
Doch als er endlich eine Schwalbe sieht,
verkauft er auch den Pelz, da alle Leute
wohl wissen, daß die Schwalbe zu uns zieht,
wenn Frühling schon im Anzug ist.
‚Den Pelz', denkt er, ‚brauch' ich nicht mehr zu dieser Frist;
wozu die Mummerei, wenn linde Lüfte
schon wehen auf der Flur,
der Frost gescheucht ist in des Nordens Schlüfte?'
Hier war von Logik eine Spur –
hätt' er nur auch das Sprichwort noch bedacht,
daß eine Schwalbe keinen Sommer macht.
Und wirklich kommen wieder Fröste
als ungebetne Gäste.
Es knirschen auf dem festen Schnee die Fuhren,
in Säulen steigt der Rauch, die Fensterscheiben
bedecken sich mit schönen Eisfiguren,
der Winter lässet sich noch nicht vertreiben.
Den Freund quält sehr der Frost, er kann der Zähren
sich nicht erwehren.
Die Schwalbe aber, diesen Frühlingsboten,
sieht er im Schnee erfroren.
Da spricht er zähneklappernd zu der Toten:
„Unselige, dich hast du aufgerieben,
und ich, der dein Prophetentum beschworen,
bin sehr zur Unzeit ohne Pelz geblieben."

73. Die Sau unter der Eiche

Von einer alten Eiche wohl beschattet,
fraß sich die Sau an Eicheln übervoll
und schlief dann ein, ermattet.
Sie rafft sich endlich wieder auf, und – ist's nicht toll? –
ihr Rüssel unterwühlt die Wurzelknorren.
„Laß ab, dem Baume schadest du",
ruft ihr vom Ast herab ein Rabe zu,

„legst du die Wurzeln bloß, so kann der Baum verdorren.“ –
„Mag er verdorren doch“, so grunzt die Sau,
„ich nehm' es damit nicht genau;
was nützt er sonderlich, er könnte ganz verschwinden.
Ich hätt' es drum nicht schlimmer;
find' ich nur immer
die Eicheln, die mich mästen und mich runden.“ –
„Du Unhold“, ruft die Eiche jetzt,
„wenn du hinauf die Schnauze könntest strecken,
es würde dich erschrecken,
zu sehn, daß auf mir wächst die Kost, die dich so letzt.“

So schilt auch wohl ein blöder Tor
auf Künste und Gelehrsamkeit;
sie kommen ihm so unnütz vor:
Er merkt nicht, daß er ihrer Früchte sich erfreut.

74. Der Kessel und der Topf

Mit einem Kessel hatte einst geschlossen
ein Topf ein enges Freundschaftsband.
Der Kessel freilich ist von höhrem Stand;
doch das bekümmerte nicht die Genossen.
Nein, für den Freund steht ein der Kessel männlich,
der Topf fühlt sich beim Freunde gar nicht klein;
sie können ohn' einander nicht mehr sein,
von früh bis spät sind beide unzertrennlich.
Sie mögen auch am Feuer nicht alleine stehn,
man kann es täglich sehn,
wie miteinander sie den Herd beschreiten
und auch vom Herd hinunter sich begleiten.
Einst fiel's dem Kessel ein, die Welt zu sehn;
der Freund wird eingeladen mitzugehn.
Nun, unser Topf verläßt den Kessel nicht,
es wäre ja auch gegen Freundespflicht.
So setzen sie sich auf denselben Karren
und fahren ab. Man hört es knarren
auf holperigem Wege,
so daß die beiden unsanft sich berühren.

Es geht nun über ungebahnte Stege,
bergauf, bergab,
im Trab;
der Kessel tat nicht viel davon verspüren,
doch Töpfe sind ja schwach nur von Natur und zart,
und jeden Stoß empfand der Topf gar hart.
Trotzdem denkt er nicht dran, zurückzubleiben,
denn er, der irdne Topf, ist hoch erfeut,
daß die Gelegenheit sich beut,
sich mit dem Eisenkessel umzutreiben. –
Welch eine Reiseroute beide nahmen,
wie weit sie kamen,
ich weiß es nicht, denkt euch das nach Belieben.
Doch so viel ist gewißlich wahr,
daß heil nach Hause kam der Kessel zwar,
vom Topfe aber nur die Scherben blieben. – –
Der Fabel Sinn macht euch zu schaffen schwerlich:
Für Lieb' und Freundschaft ist die Gleichheit
unentbehrlich.

75. Der Besen

Ein dreckbeschmierter Besen kam einmal zu Ehren:
Er soll nicht mehr die Küche kehren,
der Herrschaft Kleider reinigen er soll.
(Man sieht die Diener waren toll – und voll.)
Mein Besen fährt mit Macht drauf los.
Er reibt des Frackes Schöße voller Wut
und schlägt, als ob er Roggen drösche, auf den Hut.
Und seine Müh' ist wahrlich groß.
Nur schade, daß er selbst so schmierig und so fleckig:
Je mehr er säubern will, je mehr das Tuch wird scheckig.

Nun:
Gleich großen Schaden wird es tun,
wenn sich ein Narr befaßt mit fremden Sachen
und, was die Klugen tun, will besser machen.

76. Der Bauer und das Schaf

Ein Bauer lud das Schaf einst vor Gericht;
die Klage lautete auf Mord.
Der Fuchs war Richter und befahl sofort,
daß beide Teile den Bericht
erstatten Punkt für Punkt und ohne viel Geschrei,
wie da die Sache zugegangen sei.
Der Bauer macht dem Richter einen Diener
und sagt: „Am Ostertag, ich kam just aus dem Schlaf,
vermißte ich zwei Hühner.
Ich fand die Federn nur und das Gebein,
und auf dem Hof war niemand als das Schaf."
Das Schaf ruft aus: „Wie kann ich schuldig sein,
ich schlief die ganze Nacht!
Zudem beruf' ich auf die Nachbarn mich,
von denen keiner sicherlich
jemals den Vorwurf mir gemacht
der Dieberei und Schurkerei;
und Fleisch gehört auch nicht zu meinen Speisen."
Der Fuchs hat darauf resolvieret,
das Schaf mit seinen Exceptiones abzuweisen,
dieweil gar wohl bekannt,
daß solche Schelme sind im Leugnen sehr gewandt.
Und sintemalen es ist konstatieret,
daß sich das Schaf in obbesagter Nacht
nicht von den Hühnern absentieret,
so wird, in Anbetracht,
daß doch unmöglich
der Inkulpat bezwungen seiner Regung,
da Hühnerfleisch den Gaumen letzet höchlich,
und günstige Gelegenheit sich bot –
wird demgemäß, nach reichlicher Erwägung,
das Schaf verdammt zum Tod.
Und endlich dies:
Das Fleisch fällt ans Gericht, der Kläger nimmt das Vlies.

77. Der Wolf und das Mäuslein

Aus einer Herde schleppte Isegrim
ein Lamm fort in sein Waldversteck.
Nun – Gastlichkeit war nicht sein Zweck;
es ging dem armen Lamme schlimm,
der Wolf zerriß es
und fraß es auf mit heißer Gier –
die Knochen krachten schier,
zermalmt vom Druck des Wolfsgebisses.
Jedoch, wie sehr er immer mochte schlingen,
er konnte alles nicht bezwingen;
so ließ er dies und jenes Stück
sich für sein Vesperbrot zurück.
Dann streckt er sich behaglich aus,
sich zu erholen von dem fetten Schmaus.
Nun hatte in der Näh' ein Mäuslein
sein Häuslein.
Das Mäuslein riecht das Fleisch und kommt herausgehüpft,
schleicht sacht durch Moos und Busch,
packt einen Lappen Fleisch, und husch
ist es damit zurückgeschlüpft.
Der Wolf gewahrt den Raub mit Grimme
und heulet durch den Wald
mit heisrer Stimme:
„Zu Hilfe kommt, ihr Leute!
Ein Dieb! Halt, halt,
fangt ihn, entreißt ihm seine Beute!
Man plündert mich verwegen,
man raubt mir mein Vermögen!"

So was passiert nicht bloß in Waldgehegen.
Dem Richter Klimytsch nahm einmal
ein Dieb die Uhr – da hört man jenen wüten:
„Setzt nach, packt mir den Schurken, der sie stahl,
er mag sich hüten!"

78. Der junge Kater und der Star

In einem Hause war ein Star –
ein schlechter Sänger zwar,
doch dafür kein geringer Philosoph.
Er machte freundschaftlich dem Katerchen den Hof,
dies junge Tier war groß, von Gliedern kräftig,
doch artig, friedlich und bescheiden;
drum mußt' es auch bei Tisch Verkürzung leiden.
Den Kater plagt der Hunger heftig,
er streicht betrübt umher,
er wedelt mit dem Schwanze so beweglich,
miaut so kläglich.
Da nimmt der Philosoph ihn in die Lehr'.
„Mein Freund", sagt er, „du bist fürwahr zu simpel,
daß du gutwillig fastest,
derweil im Käfig vor dir hängt ein Gimpel.
Du wärst ein Kater nicht, wenn du lang spaßtest." –
„Doch das Gewissen?" – „Oh, gar schlecht kennst du die Welt,
glaub mir, das Dogma vom Moralgesetz
ist nur ein leer Geschwätz,
davor erbebt kein Held;
das sind nur Vorurteile kleiner Seelen,
um die sich große Geister wenig quälen.
Wer in sich fühlt die Stärke,
geht, wie er will, zu Werke.
Beweise kann ich liefern und Belege."
Alsbald wird sein Dozenteneifer rege,
es expliziert der Star gar gründlich sein System.
Dem Kater, der noch nüchtern,
klingt das ganz angenehm,
und nun auf einmal nicht mehr schüchtern,
heraus den Gimpel reißt er, frißt ihn auf.
Der Bissen schmeckt, wenn er auch satt nicht macht.
So weit hat er es nun gebracht,
und munter nimmt die Sache ihren Lauf.
Die nächste Lektion
hört er mit größtem Nutzen schon,
man wird gleich sehn:
Er sprach zum Star: „Mein Freund, ich danke schön,

daß du mich aufgeklärt“ –
und hat den Lehrer selber dann verzehrt.

79. Die beiden Hunde

Hektor, des Hauses treuer Hüter,
eifrig im Dienst des Herrn, beflissen,
geht einst am Haus umher, da sieht er,
am Fenster liegt auf weichem Kissen,
wie ein verwöhntes Kind,
ein Bologneser, der ihm wohl bekannt.
Der Hofhund rennt herbei geschwind,
tut schön, als wär' das Tier ihm nah verwandt,
heult auf vor Freude, wedelt mit dem Schwanze,
dreht sich herum in närr'schem Tanze
und spränge gar zu gern zum Freund hinauf.
„Sag doch, wie war dein Lebenslauf,
seit dich die Herrschaft nahm ins Zimmer?
Weißt du noch, wie wir beid uns sonst geplagt,
du hungerst jetzt wohl nimmer?
Man sieht schon, daß dir's hier behagt.“ –
„Nun, Sünde wär' es, wär' ich nicht zufrieden
mit dem, was mir beschieden“,
erwidert ihm Joujou;
„ich lebe hier in guter Ruh,
im Überfluß.
Von Silber nehm' ich Trank und Speise,
die Herrin gibt mir manchen Kuß,
und mit dem Herrn toll' ich in heitrer Weise.
Wenn ich dann endlich müde bin,
streck' ich mich auf das weiche Sofa hin.
Und du?“ – „Ich? Nun, ich muß wie sonst mich mühn“,
sagt Hektor und läßt Schwanz und Ohren hängen,
„ob Frost und Hunger mich bedrängen,
muß ich, gleich einem bösen Drachen,
das Haus des Herrn bewachen;
ich muß am Zaune schlafen, auch im Regen,
und kommt einmal mein Bellen ungelegen,
beschenkt man mich auch noch mit Schlägen.

Sag doch, Joujou, wodurch kamst du in Gunst?
Du bist so schwach und schmächtig,
was kannst du denn für eine Kunst?
Ich muß umsonst mich placken niederträchtig,
es kann mich wohl verdrießen;
als was dienst du?“ – „Als was ich diene?“
versetzt der Freund mit schadenfroher Miene.
„Ich gehe auf den Hinterfüßen.“

Wie viele, die ihr Glück zu machen wissen,
bloß weil sie tänzeln auf den Hinterfüßen!

80. Die Katze und die Nachtigall

Die Katz’ erhaschte eine Nachtigall,
schlug in den kleinen Leib die Krallen,
drückt’ ihn mit Wohlgefallen
und sprach: „Mein Liebchen, überall
macht Rühmens man von deinem Singen
und zählt dich zu den großen Meistern.
Mir sagte neulich noch der Fuchs:
‚Es geht nicht zu mit rechten Dingen,
kaum hebt ihr Lied sie an, und flugs
weiß sie auch alles zu begeistern.‘
Da wär’ ich nun begierig,
selber dich zu hören.
Was zitterst du denn so? Sei doch nicht schwierig
und fürchte nicht, ich wolle dich verzehren.
Wenn du gesungen hast, sollst frei du sein,
kannst wieder schweifen dann in Busch und Hain.
Musik steht auch bei mir sehr hoch im Preise,
oft schnurr’ ich selber mich in Schlummer leise.“
Still blieb die arme Philomele,
ihr ist wie zugeschnürt die Kehle.
„Nun denn“, ermahnt die Katz’,
„so sing doch, sing ein wenig nur, mein Schatz.“
Der Vogel sang doch nicht, er hat nur so gepiept.
„Mit *dem* Gesange machst du dich beliebt?“
fragt hier die Katze spöttisch.

„Wo bleibt denn jene Reinheit, Stärke, Glut,
von der sie allzeit reden so abgöttisch?
Mir macht so ein Gequietsch Pein selbst von meiner Brut.
Ich sehe, deine Kunst im Singen wiegt nicht schwer,
vielleicht behagst du meinem Gaumen mehr."
Die Katze fackelt nun nicht länger
und frißt mit Haut und Haar den armen Sänger.

Noch deutlicher? Euch zu Gefallen
sei es leis ins Ohr geraunt:
Der Vogel ist zum Singen nicht gelaunt,
wenn ihn die Katze hält in ihren Krallen.

81. Der Fische Tanz

Der Löwe, dessen Machtrevier
nicht Wälder nur, Gewässer auch umfaßte,
rief zur Beratung das Getier,
wer wohl zum Gouverneur der Fische paßte.
Es ward sodann zu diesem Amt erwählt
der Fuchs, dem es ja an Verstand nicht fehlt.
Mein Füchslein ging auf seinen Posten,
wo es bald satt ward und gedieh.
Ihr ratet wohl, auf wessen Kosten?
Es trat der Fuchs in Kompanie
mit einem Bauer, den er kannte
und Freund und auch Gevatter nannte.
Das Plänchen war:
Derweil der Fuchs am Ufer schlichtet
und richtet,
so angelt der Gevatter Fisch
und brät sie gar
und bringt als Partner treu sie auf den Tisch.
Nun hat Spitzbüberei nicht immer Dauer.
Dem Löwen kommt zu Ohren eine Sage,
als ob in seinen Staaten
die Themis wägt mit falscher Waage.
Das will er selber prüfen jetzt genauer
und Umschau halten wie die großen Potentaten.

Er kommt ans Ufer, sieht den Bauer angeln,
sieht, daß ein Feuer brennt;
an Fischen scheint's da nicht zu mangeln,
nur sind sie nicht in ihrem Element;
man brät sie, um sie zu verschmausen.
„Wer bist du und was machst du hier?"
fragt zornig jetzt mit aufgesperrtem Rachen
der Leu den Bauer. Den erfaßt ein Grausen;
doch Reineke, das list'ge Tier,
das nie verlegen ist, wie schlimm auch stehn die Sachen,
fällt ein: „O Herr, das ist mein erster Sekretär,
ob seiner Rechtlichkeit verehrt das Volk ihn sehr;
das aber sind Karauschen, Flußbewohner.
Wir alle kommen her,
zu grüßen dich, des frommen Tuns Belohner." –
„Wie steht's mit der Justiz? Ist die Provinz zufrieden?" –
„O Herr, sie fühlt sich wie im Paradies
und wünscht nur dies,
daß du noch lange weilst hienieden." –
„Doch sage mir, warum
die Fische krümmen Köpf' und Schwänze?" –
„Erhabner Zar, sie sind ja stumm
und ehren dich durch Freudentänze."
Die Lüge wird dem Leu zuviel,
er will nicht länger dulden solche Fratzen.
Auf daß beim Tanze sei auch Sang und Spiel,
packt er den Gouverneur
samt seinem Sekretär –
die musizieren nun in seinen Tatzen.

82. Die bunten Schafe

Der Löwe liebte bunte Schafe nicht.
Nichts freilich hindert ihn, sie zu vernichten,
allein das stritte gegen seine Pflichten
und wäre kein gerecht Gericht.
Er führt des Waldes Zepter ja mitnichten,
um seine Untertanen hinzuwürgen –
vielmehr um ihnen für Justiz zu bürgen.

Doch blieben bunte Schafe ihm unleidlich.
Wie wird er sie nur los
und stellt dabei doch seinen Ruf nicht bloß?
Er hält für unvermeidlich,
zu Rat zu ziehen Fuchs und Bär,
und kündet ihnen im Vertrauen,
daß immer, wenn von ungefähr
ein buntes Schaf er müsse schauen,
so schmerzten seine Augen ihm den ganzen Tag;
er fürchte, noch die Sehkraft zu verlieren,
und wisse doch nicht, wie das Ungemach
zu remedieren.
„Gewalt'ger Leu", so brummt der Bär mit finsterm Blick,
„was ist da noch zu reden lang und breit?
Man bricht den Schafen einfach das Genick.
Wem tät' auch solches Volk wohl leid?"
Der Fuchs sieht, daß der Leu die Stirne runzelt,
da naht er sich dem Thron und schmunzelt
und spricht mit Salbung: „Hoher Zar,
bei dem Gerechtigkeit und Milde wohnen,
mir scheint fürwahr,
du möchtest diese armen Dinger schonen
und kein unschuldig Blut vergießen.
Drum leg' ich andern Ratschlag dir zu Füßen,
den ich erwog zur Stund.
Befiehl, daß man den Schafen Wiesengrund
anweise, daß die Mütter darauf grasen
und ihre Lämmer hüpfen auf dem Rasen.
Und weil es uns hierorts an Hirten fehlt,
so seien Wölfe für dies Amt erwählt.
Ich weiß nicht recht, allein mir schwant,
daß sich die Spielart dann von selbst verlieren werde.
Einstweilen mag sie freun sich dieser Erde.
Doch welch ein Ausgang auch wird angebahnt,
du, Herr, bleibst immer aus dem Spiele."
Des Fuchses Meinung siegte in dem Rat;
und in der Tat,
so sicher führte sie zum Ziele,
daß von den bunten Schafen nicht allein,
von Schafen überhaupt nicht übrigblieben viele.
Was sagt das Getier in Forst und Hain

zu der Geschichte?
Der Löwe würde schon ein guter Herrscher sein,
die Wölfe aber wären Bösewichte.

83. Der Löwe, die Gemse und der Fuchs

Der Löwe jagt die Gams auf Felsenstegen,
fast packt er sie schon im Genick,
das leckre Mahl schlingt schon sein gierig heißer Blick –
wie kam es ihm gelegen!
Die Gemse konnte sich, so schien's, nicht retten mehr,
denn eine breite Schlucht durchschnitt die Straße quer,
und doch verzagt das Tier noch nicht am Heile.
Es sammelt seine letzte Kraft,
und wie ein Pfeil vom Bogen
schnellt übern Abgrund es, der unten klafft,
und stehet drüben auf der Felsensteile;
der Leu sieht sich betrogen.
Da kommt sein Freund, der Fuchs, herangeschlichen,
wirft einen Blick auf diese schroffen Wände.
Und spricht: „Wie, du, der Starke, der Behende,
wärst einer solchen Ziege ausgewichen?
Wenn's dir beliebt, kannst Wunder du vollbringen.
Wenn auch der Abgrund gähnt, nur ein Entschluß,
und flugs wirst du hinüberspringen.
Glaub mir aufs Wort, ich sage, was ich muß,
und setzte nicht, als Freund, aufs Spiel dein Leben,
wär' es mir nicht bekannt,
wie kraftvoll du und wie gewandt."
Im Löwen kocht das Blut, die Pulse beben,
dreist wagt er den gewalt'gen Sprung,
doch nimmer reicht so weit sein Schwung. –
Er überstürzt sich, fällt, sich nie mehr zu erheben.
Was hat sein edler Freund getan?
Er sucht zur Tiefe sacht sich eine Bahn,
und da er sieht, daß Schmeicheln und Hofieren
beim Leu zu nichts mehr führen,
so hat die Totenfeier er vollbracht –
und binnen Monatsfrist den Freund ganz kahl genagt.

84. Das Eichhörnchen in Diensten

Bei einem Löwen stand
ein Eichhörnchen im Dienst, ich weiß nicht recht als was –
genug, der Leu Gefallen an ihm fand,
und einem Leu gefallen ist kein Spaß.
Versprochen war als Sold ein Fuder Nüsse,
versprochen, sag' ich, doch die Zeit verflog;
mein Eichhörnchen fühlt oft des Hungers Bisse
und knirscht und weint, daß man es so betrog.
Es sieht im nahen Walde seine Brüder,
ihm pocht die Brust;
sie hüpfen hurtig hin und wieder
und knacken Nüsse sich nach Herzenslust.
Zum Haselbusch hätt' es nur einen Sprung,
doch darf es hin? Mitnichten!
Denn stets gibt es Verhinderung,
man ruft, man drängt es zu des Dienstes Pflichten!
Das Eichhörnchen wird endlich alt,
der Leu ist seiner überdrüssig
und gibt den Abschied ihm gar kalt
als überflüssig.
Jetzt freilich schickt man ihm das Fuder Nüsse,
auch sind die Nüsse auserlesner Art,
sind von Geschmacke zart
und von besondrer Süße –
eins ist nur schlimm, ich muß es noch erwähnen,
es fehlt dem Eichhörnchen schon längst an Zähnen.

85. Der Hecht

Der Hecht ward einstmals hart verklagt,
weil lauter Greuel er im Teich vollführt;
Beweise sind in Massen beigebracht,
man schleppt darum, wie sich's gebührt,
den Frevler vor Gericht in einer großen Kufe.
Alsbald, gemäß ergangnem Rufe,
die Richter auch zusammentraten:
Sie weideten auf einer nahen Wiese.

Ich kann aus dem Archiv die Namen euch verraten.
Es waren diese:
zwei Eselein,
zwei alte Klepper, ferner ein paar Ziegen.
Damit nun der Prozeß sei rein
und man Gesetz und Recht nicht möge biegen,
ward noch der Fuchs bestellt als Prokureur.
Zwar war's den Leuten wohl gekommen zu Gehör,
der Hecht versorge des Gevatters Tisch
mit Fisch. –
Doch herrscht sonst im Gericht kein Ansehn der Person,
der Hecht kriegt sicher seinen Lohn.
Es ist gewiß auch, daß des Hechtes Streiche
sich diesmal nicht vertuschen ließen.
Er soll – das ist der Spruch – den Frevel büßen,
indem gehängt er wird an eine Eiche.
„Nur hängen?" fällt der Fuchs hier ein.
„Die Strafe find' ich klein;
Ich schlage vor, sie ernsthaft zu verschärfen.
Neu muß die Sühne sein, und hier noch unerhört,
so daß ein Schreck durch alle Sünder fährt:
Man muß den Bösewicht ins Wasser werfen!" –
„Vortrefflich!" ruft man aus, der Vorschlag wird Beschluß
und alsobald der Hecht geworfen in den Fluß.

86. Die Rasiermesser

Der Zufall hatte einst auf einer Reise
mit einem guten Freund zusammen mich gebracht;
derselbe Gasthof nahm uns auf zur Nacht.
Am andern Morgen, da ich kaum erwacht,
merk' ich, der Freund treibt's auf besondre Weise.
Wir waren harmlos eingeschlafen und vergnügt,
und nun – woran doch das wohl liegt? –
hör' ich ihn aufschrein, seufzen, ächzen
und krächzen.
„Was ist dir, Lieber? Doch nicht krank?" –
„Nein, Gott sei Dank,
nur muß ich mich rasieren." –

„Und darum solch ein Lamentieren?"
Jetzt spring' ich aus dem Bett und seh',
der wunderliche Heilige
steht vor dem Spiegel da mit Angstgebärden,
verzieht so sauer das Gesicht,
die hellen Tränen von den Wangen fließen.
Er stellt sich an, der arme Wicht,
als sollte er geschunden werden.
Ich sah nun wohl, woran es lag,
und sprach: „Es möge, Freund, dich nicht verdrießen.
Allein das ist ja klar am Tag,
du willst es selbst nicht besser –
das sind ja nicht Rasier-, nein Hackemesser.
Von solchen mußt du freilich Marter leiden." –
„Ich leugne nicht, daß stumpf die Messer sind,
wer das nicht sähe, wäre blind.
Allein mit scharfen fürcht' ich mich zu schneiden." –
„Nun, Freund, ich will mich unterstehn,
dir zu versichern, daß mit stumpfen Messern
du die Gefahr nur kannst vergrößern.
Mit scharfen macht sich's glatt und schön,
wenn du nur weißt mit ihnen umzugehn."

Was ich hier meine? Ich erläutere es gern.
Es gibt so manchen großen Herrn,
der, ob er's auch verhehlt, Scheu hat vor guten Köpfen
und lieber sich umgibt mit Tröpfen.

87. Die Kanonen und die Segel

Es waren Segel und Kanonen
auf einem Schiff in Streit entbrannt,
da beide forderten der Ehre Kronen.
Grimm strecken aus des Schiffes Bohlenwand
den Hals hervor die Eisenschlünde
und murren auf zum Himmel: „Was für Gründe
hat denn das grobe leinene Gewebe,
daß es mit uns nach gleicher Schätzung strebe?
Was tun die Segel auf der langen schweren Fahrt?

Sie buhlen mit dem Wind.
Wenn sie ihn spüren, blähn sie sich geschwind,
als wären sie von einer höhern Art,
und zieren sich und rauschen
mit aufgeblasnen Bauschen.
Wir aber donnern in der Schlacht.
Herrscht nicht durch uns das Fahrzeug auf den Meeren?
Wird nicht durch uns der Feind in Not und Tod gebracht?
Wozu denn mit den Segeln noch verkehren?
Wir kommen schon zu Gang
nach unsern eigenen Gesetzen.
Auf, Boreas, stürm an mit vollem Drang
und reiße sie in Fetzen!"
Der Gott gehorcht, braust her, und bald
hat sich der Himmel mit Gewölk bezogen:
Es wandelt drohend sich des Meers Gestalt,
und berghoch bäumen sich die Wogen.
Des Donners Schall betäubt das Ohr,
der Blitzstrahl blendet scharfgezackt die Blicke,
und die sich Boreas zu Opfern kor,
die Segel, reißet er in Stücke.
Danach begann das Wetter sich zu hellen,
doch ohne Segel ist das Schiff nun lahm,
ein Spiel der Winde und der Wellen;
und als der Feind herangesegelt kam,
geriet es ins Gedränge.
Der Feind bestrich es nach der ganzen Länge,
es ward zum Siebe durch der Kugeln Menge
und sank zur Tiefe samt Geschütz.

Die Fabel ist vielleicht dem Staatsmann nütz.
Ein jeder Staat ist mächtig,
solang die Teile wirken drin einträchtig:
Die Waffe soll den Feind in Furcht erhalten –
des Staates Segel sind Zivilgewalten.

88. Der Esel und Zeus

Es hielt ein Bauer sich ein Eselein,
ein sanftes, stilles Tier;
der Bauer schwärmt dafür
und möchte sicher sein,
daß nicht im Wald verlaufe sich der Graue.
Drum hängt er ihm ein Glöcklein um den Nacken.
Gleich bläst mein Eslein auf die Backen
und wirft sich in die Brust – nun schaue!
Er hatte wohl so was gehört von Orden
und dünkte sich ein großer Herr geworden.
Doch ward der neue Schmuck sein schlimmster Feind –
nicht bloß für Esel lehrreich, wie mir scheint.
Ich kann es nämlich nicht verhehlen,
das Pflichtgefühl des Esels war nicht groß;
doch schadete ihm nie das bißchen Stehlen,
bevor das Glöcklein seinen Hals umschloß.
Im Küchengarten und im Korn
verzehrte er so Kraut und Dorn
und schlich sich fort, wenn er sich satt gefressen.
Jetzt fiel die Sache anders aus:
Sobald ins Feld den Fuß nur setzt der Daus,
so klingelt ohne Unterlaß
der neue Schmuck, die Glocke.
Nun, da versteht der Bauer keinen Spaß,
er greift zum Stocke
und jagt das Vieh aus Korn und Beeten;
und als der Nachbar das Gebimmel hört,
hat er ihm neue Prügel gleich beschert.
So ist der arme Esel sehr in Nöten;
er, der auf seine Würde wollte pochen,
war bis zum Herbste nur noch Haut und Knochen.

Die Fabel zu erläutern ist mir Pflicht.
Mit Leuten, die im Amt sind, geht es ähnlich:
Derweil ihr Rang noch unansehnlich,
tritt auch der Schelm nicht grell ans Licht.
Ein hoher Rang beim Schelm ist gleich der Schelle,
die weithin tönt und helle.

89. Der Hund und das Pferd

Auf einem Bauernhof im Dienste stund
'ne Stute und ein Hund, die wollten einst sich messen.
„Seht mir die große Dame", sprach der Hund,
„du brauchest hier dein Futter nicht zu fressen.
Was großes auch, zu fahren und zu pflügen!
Denn sonst hört man ja nichts von deinen Siegen.
Kannst du mit mir wohl den Vergleich nur ziehn?
Ich muß am Tage mich und auch die Nächte mühn.
Tags grast die Herde unter meiner Hut,
nachts kommt dem Hause meine Wacht zugut." –
„Gewiß", so ließ die Stute sich vernehmen,
„das, was du sagst, hat Grund;
allein, wollt' ich zum Pflug mich nicht bequemen,
so hätt' auch zu bewachen nichts der Hund."

90. Der Uhu und der Esel

Ein blinder Esel ging einst auf die Reise,
verirrte sich jedoch im Wald –
es war schon Nacht –, und bald
tappt er umsonst im Dickicht nach 'nem Gleise.
Der Langohr kann nicht vorwärts, nicht zurücke;
auch fänd' ein Sehender hier große Schwierigkeit.
Da war zum Glücke
ein Uhu nah, und der fand sich bereit,
den Wanderer zu führen.
Wie scharf der Uhu sieht bei Nacht, ist allbekannt,
er unterscheidet Höhn und Tiefen, Sumpf und Land. –
Am Morgen sind sie aus den Waldrevieren.
Wer trennt von einem solchen Führer wohl sich gern?
„Laß uns", spricht Langohr, „nimmer scheiden;
die Welt steht offen ja uns beiden."
Der Uhu willigt ein mit Freuden
und spielt den großen Herrn;
er setzt sich auf des Esels Rücken.
Fort geht's, doch kann es wohl auch glücken?
Nein, denn beim ersten Sonnenlicht

verliert mein Uhu das Gesicht,
und gleichwohl bleibt er obstinat
und gibt bald den, bald jenen Rat.
„Paß auf“, ruft er, „rechts geht es in die Pfütze!“
Die Pfütze war nicht da, doch links kam’s schlimmer noch –
„Nur einen Schritt mehr links“, schreit Uhu noch vom
Sitze,
pardauz, da lagen sie in einem tiefen Loch.

91. Der Wolf und der Kater

Ins Dorf lief Isegrim gar schnell,
zu Gaste nicht – nein, sich zu retten.
Er zittert für sein Fell,
denn auf der Spur sind ihm der Jäger Ketten.
Er wäre in ein Hoftor gern gerannt,
doch allerorten
sind zugesperrt die Pforten.
Da sah er, auf dem Zaune stand
ein Kater.
Er sprach ihn an: „Mein Freund, sei mein Berater,
wer von den Bauern hat wohl so viel Mitleidsdrang,
vor meinen Feinden mich zu schützen?
Hörst du Gebell und Hörnerklang?
Mir gilt’s.“ – „So frag nur an bei Fritzen,
ein guter Kerl, der dich vielleicht verbirgt.“ –
„Ach, dem hab’ einen Hammel ich erwürgt.“ –
„Versuch es dann beim Peter.“ –
„Der schreit auch, fürcht’ ich, Zeter,
ein Böcklein schleppt’ ich jüngst ihm fort.“ –
„Der Steffen wohnt gleich dort, gib dem ein gutes Wort.“ –
„Dem Steffen?
Ich möchte nicht mit ihm zusammentreffen,
weil ich ein Lamm ihm nahm.“ –
„Schlimm! Nun, vielleicht tut Paul es dir zu Willen.“ –
„Nein, nein, dem raubte ich ein Füllen,
das in den Wurf mir kam.“ –
„Ja, Freund, du hast dir’s eingebrockt bei allen.
Wie konntest du nur hoffen hier auf Heil?

Nein, dir wird Rettung nicht zuteil.
Es sind die Bäuerlein nicht auf den Kopf gefallen
fürwahr,
daß sie zu eignem Schaden die Gefahr
von dir entfernten:
Was du gesät hast, mußt du ernten."

92. Die Brachsen

In einem großen Gartenteich,
sein Wasser blinkte wie Kristall,
da hatten Brachsen einst ihr Reich.
Truppweis' am Ufer spielten sie nicht zage,
und golden, schien es, flossen ihre Tage;
als auf einmal
der Herr befahl,
hineinzutun an fünfzig Hechte.
„Hilf, Himmel", rief ein Freund,
„tust du das Rechte?
Wie ist denn das gemeint?
Da bleibt ja von den Brachsen nicht die Spur;
weißt du nicht, daß der Hecht gefräßig wird genannt?" –
„Spar deine Worte nur",
sagt lächelnd drauf der Herr, „mir ist das wohlbekannt;
doch könntest du mir sagen,
woher du weißt, daß Brachsen mir behagen?"

93. Der Wasserfall und der Quell

Ein mächt'ger Wasserfall, der von den Felsen braust,
sprach einen Heilquell einst hochmütig an:
(Am Bergesfuß der Quell verborgen haust,
doch Wunder oft hat seine Kraft getan.)
„Wie seltsam, daß, obwohl du klein und seicht,
der Gäste Schwarm bei dir stets treibt sein Wesen.
Es ist begreiflich leicht,
daß man, mich anzustaunen, macht die Reise.

Warum kommt man zu dir?“ – „Um zu genesen“,
hat hier der Quell gemurmelt leise.

94. Der Schäfer

Beim Thomas, der des Leibherrn Herde hütet,
nahm auf einmal die Zahl der Schäflein ab.
Der brave Knab’
ist außer sich, er weint und wütet,
klagt seinen Kummer allen und erzählt,
daß ihn ein böser Wolf so quält;
der schleppe ihm die Schafe aus dem Stalle
und würge sie erbarmungslos.
Kein Wunder, rufen alle,
des Wolfs Erbarmen mit dem Schaf war niemals groß!
Man sinnt nun, wie man vor dem Wolf sich schütze.
Doch warum hat man wohl in Thomas’ Ofen
bald Schtschi mit Hammelfleisch, bald Grütze
mit Hammelkeule angetroffen?
(Thomas war nämlich Koch – da er sich schlecht geführt,
ward er aufs Dorf geschickt als Hirt,
so kommt die Küche unsrer ziemlich nah.)
Man fahndet auf den Wolf, dem alle Welt jetzt flucht,
durchstreift den ganzen Wald – er wird umsonst gesucht,
er ist nicht da.
Ihr Freunde, laßt es sein! Der Wolf leiht nur den Namen –
die Schafe frißt der Thomas. Amen.

95. Das Eichhörnchen

Im Dorfe, es war Sonntag grade,
unter der Herrschaft Fenster stand
das Volk und gaffte unverwandt
nach einem Eichhörnchen im Rade.
Auch eine Drossel auf der Birke staunt –
denn rennen sieht man es, daß bald die Pfötchen
flimmern

und bald des Schweifes Büschel schimmern.
„Hör, Nachbar", hat ihm da die Drossel zugeraunt,
„was machst du hier, kannst du mir's sagen?" –
„Freundin, ich muß den ganzen Tag mich plagen,
bei einem großen Herrn bin ich Kurier,
ich kann zum Essen kaum die Zeit mir gönnen,
ja, kaum zum Atmen schier ..." –
und damit fängt es wieder an zu rennen.
Die Drossel flieget fort und spricht:
„Ich streite nicht,
du rennest wie ein Daus,
doch aus dem Fenster kommst du nicht heraus."

Seht, wie geschäftig müht sich der Geselle!
Das ist ein Treiben, alles schaut
bewundernd zu; er fährt noch aus der Haut.
Doch nichts kommt von der Stelle;
ganz wie das Eichhörnchen in seines Rades Welle.

96. Die Mäuse

„Ach, Schwester, weißt du schon? Ein Leck hat sich
gezeigt",
sprach eine Maus zur andern mit Emphase,
„das Wasser ist im Raum,
ich rettete mich kaum,
es stieg mir schon bis an die Nase."
(Doch waren in der Tat erst kaum die Pfoten naß.)
„Es ist kein Wunder auch, der Kapitän
säuft ohne Unterlaß,
die Mannschaft will nur müßiggehn,
von Ordnung keine Spur zu sehn.
Ich habe laut genug gepiept,
daß es ein Unglück gibt
und daß das Schiff muß sinken,
wenn man nicht tut, was sich gebührt.
Glaubst du, man folgte meinen Winken?
Kein Mensch hat sich gerührt,
als schickt' ich große Lügen in die Welt.

Und doch ist die Gefahr
ganz sonnenklar;
wenn man sich an den Raum nur stellt,
sieht man, daß unser Schiff sich keine Stunde hält.
Wozu denn sollen wir mit ihnen sterben?
Komm rasch vom Schiffe fort,
wir retten uns noch vom Verderben,
wer weiß, wie nahe schon die Küste!"
Die schlauen Mäuslein springen über Bord
und – sie ersoffen in der Wasserwüste.
Derweil das Schiff, von kluger Hand geführt,
den Port erreicht, von Schaden unberührt.

Ich höre schon den Leser fragen:
Wie war's denn mit dem Leck?
Was ist vom Kapitän und seinem Volk zu sagen?
Das Leck war winzig klein
und war beseitigt auf dem Fleck;
das andre – waren lauter Klatscherein.

97. Die Wölfe und die Schafe

Die Schafe litten von den Wölfen sehr,
und zwar ward es so arg zuletzt,
daß schon die Ehr
der Tiere Obrigkeit antrieb, hier einzuschreiten.
Stracks eine Kommission ward eingesetzt,
der man den Fall tat unterbreiten.
Zwar waren Wölfe drin die meisten Glieder,
doch nicht von allen Wölfen spricht man schlimm;
man sah schon hin und wieder,
daß Isegrim
ganz friedlich an dem Schaf vorüberschritt,
wenn – schon gestillt sein Appetit.
Warum denn sollen Wölfe nicht im Rate sitzen?
Man muß die Schafe freilich schützen,
allein die Wölfe doch auch nicht bedrängen
und nicht beengen.
Auf einer waldumsäumten Matte

hält Sitzung man. Nach gründlicher Debatte
wird endlich ein Dekret votiert,
es sei hier Wort für Wort zitiert:
„Sobald ein Wolf es sollte wagen,
den neuen Ordnungen zum Hohn,
ein Schaf zu kränken,
so ist das Schaf befugt, den Wolf beim Kragen
zu nehmen ohne Ansehn der Person
und, sonder einiges Bedenken,
den Schuldigen ans nächste Amt zu liefern,
sei es bei Fichten oder Kiefern:
Und dies Gesetz soll man nicht mehren und nicht mindern."
Inzwischen seh' ich gar nicht, daß es helfe,
obwohl gesagt, man soll die Wölfe hindern,
zu schädigen die Wolleträger
und sie zu beißen,
so sind es immer doch die Wölfe
(das Schaf sei nun Beklagter oder Kläger),
die in dem Wald die Schafe reißen.

98. Der Löwe und die Maus

Den Löwen bat die Maus demütig,
er wolle gütig
frei geben ihr den Aufenthalt
ganz nah bei ihm in einem hohlen Stamme.
„Bist du gleich", sprach sie, „ruhmgekrönt im Wald,
beugt sich auch alles deiner Zornesflamme,
erweckt auch dein Gebrüll schon Graun –
so kann doch niemand in die Zukunft schaun.
Wer weiß, wie einer je den andern braucht;
bin ich auch winzig und geringe,
vielleicht doch, daß mein Beistand einst dir taugt." –
„Beistand von einem solchen Dinge?
Für diese freche Rede bloß
wär' Tod dein wohlverdientes Los.
Hinweg, schnell fort, solang du noch am Leben,
damit nicht jede Spur von dir verschwinde!"
Da überkam die Maus ein banges Beben,

sie huschte fort in tiefverborgne Gründe.
Dem Leu jedoch bekam der Hochmut schlecht.
Er war einst auf die Jagd gegangen,
da blieb er hangen
in eines Netzes dichtem Garngeflecht.
Hier half nicht Kraft, nicht Brüllen, Stöhnen,
denn er ward heute,
wie sehr er tobt und anstrengt seine Sehnen,
des Jägers Beute.
Drauf wird, was ihm zu bittrer Schmach gereicht,
in einem Käfig er dem Volk gezeigt.
Da muß er an des Mäuschens Worte denken:
Das Tierchen hätte Hilfe wohl gebracht
und das verruchte Netz zernagt;
warum die Maus so schnöde kränken?
Zu spät sieht er nun ein,
daß ihn sein falscher Stolz gestürzt in diese Pein.
Nun, Leser, als ein Freund der Wahrheit
füg' ich zur Fabel einen Spruch,
der nicht von mir ist, ich bin nicht so klug.
Es sagt das Volk mit großer Klarheit:
„Du sollst nicht in den Brunnen spucken,
vielleicht mußt du sein Wasser schlucken."

99. Der Kuckuck und der Hahn

„Wie singst du lieber Hahn, doch hell und mächtig!" –
„Und dein Lied, Kuckuck, ist so voll und klar,
und so gehalten – nun fürwahr,
kein Vogel singt im Wald so prächtig." –
„Dir zuzuhören, Hahn, würd' ich nie müde!" –
„Doch wenn du, Liebster, schweigst,
so ist's, als hätt' ich nimmer Friede,
bis deine Kunst aufs neu du zeigst.
Dein süßes Stimmchen labt so sehr,
es ist so rein, so zart, von solcher Höhe!
So was ist angeboren, wie ich sehe,
drum fällt es euch auch gar nicht schwer.

Klein seid ihr von Gestalt, allein im Singen
dürft kecklich mit der Nachtigall ihr ringen." –
„Bedanke mich, doch sag' ich auf Gewissen
und rufe auf zu Zeugen alle Welt,
man möchte deinen Sang nicht missen,
weil er ..." Da flog ein Sperling übers Feld,
der sprach:
„Mögt ihr euch loben gegenseitig,
den ganzen Tag,
bis heiser ihr geworden, und noch länger,
so ist doch dies unstreitig:
Ihr beide seid ganz miserable Sänger."
Weswegen rühmt denn unbedenklich
der Kuckuck wohl den Hahn?
Deswegen, weil so überschwenglich
der Hahn auch rühmt den Kuckuck Lobesan.

100. Der Magnat

In grauer Vorzeit ward einst ein Magnat
von seinen weichen Kissen
in jenes Reich, wo Pluto herrscht, gerissen.
Ihn führt alsbald der düstre Pfad
hin vor das ernste Richtertribunal.
Man fragt: „Was warst du? Wo kamst du zur Welt?" –
„Ein Perser war ich, und aus der Satrapen Zahl,
doch war's mit der Gesundheit schlecht bestellt.
Im Lande hab' ich drum nicht selbst gewaltet,
es hat für mich mein Sekretär geschaltet." –
„Was tatst denn du?" – „Ich aß und trank und schlief
und unterzeichnete, wie's nach der Reihe lief." –
„Nur ins Elysium!" – „Wie? Was? Ist das Justiz?"
rief hier Merkur recht grob und spitz. –
„Mein Lieber", sagt ihm Äakus,
„das macht dir ohne Grund Verdruß.
Siehst du denn nicht? Der Sel'ge war ein Tropf,
wenn er bei seiner Macht
gehandelt hätt' aus eignem Kopf,
ins Elend hätt' er die Provinz gebracht,

und Tränen flössen ungezählet.
Nein, just darum
kommt dieser ins Elysium,
weil mit Geschäften er sich nie gequälet."

Ich sah 'nen Richter jüngst in Themis' Heiligtum –
der kommt gewiß dereinst auch ins Elysium.

Nachwort

Wenn Tiere und Pflanzen mit Menschenstimmen zu reden beginnen, so fühlen wir uns unwillkürlich in die Märchenwelt unserer Kindheit zurückversetzt. Das Märchen und auch die Tierfabel gehören zu den ältesten Formen der Dichtkunst. Der Ferne und Nahe Orient – Indien, China, Arabien und Ägypten – gelten als die Heimat dieser auf eine jahrtausendalte tiefe Verbundenheit zwischen Mensch und Natur zurückgehende literarische Gattung, auf den Glauben an eine personifizierte, beseelte Umwelt. Aber trotz oder gerade dank der an das Kindheitsalter erinnernden Form enthält die Fabel außer einer tiefen Lebensweisheit, die meist zur praktischen Nutzanwendung in einer belehrenden „Moral" gipfelt, unter der märchenhaften oder „fabelhaften" Hülle eine ironisch-satirische Kritik der menschlichen Schwächen und gesellschaftlichen Mißstände.

Nach einer alten Überlieferung soll ein griechischer Sklave, der Phrygier Äsop (6. Jh. v. u. Z.), der eigentliche Schöpfer dieser Dichtungsform sein, die nach ihm auch „äsopische Fabel" genannt wird. Immer wiederkehrende typische Tiergestalten mit feststehenden, den Menschen entlehnten Charaktereigenschaften tragen zur äußerst prägnanten Kürze der Aussage bei und ermöglichen wohlgezielte Angriffe gegen die menschliche Gesellschaft.

Auf die Ausdrucksweise des griechischen Fabeldichters, seine Gedanken hinter sinnbildlichen Gestalten zu verbergen, geht auch der Begriff der „äsopischen Sprache" zurück. Dieser literarische Kunstgriff, aus Gründen der Zensur kühne politische Ideen in eine unverfängliche äußere Form zu kleiden und dem Wort einen doppelten Sinn beizulegen, so daß der aufmerksame Leser verbotene Gedanken zwischen den Zeilen lesen konnte, wurde besonders oft in der russischen Literatur benutzt. Das bekannteste Beispiel für diese geschickt getarnte, politisch-kämpferische Schreibweise ist der sozialkritische Roman *Was tun?* (1863) des von Marx und Lenin sehr geschätzten russischen revolutionären Demokraten N. G. Tschernyschewski. In der Form eines Kriminalromans propagiert dieses Werk unter den Augen der zaristischen Regierung die Revolution und den Aufbau einer sozialistischen Gesellschaft. Somit geht die Bedeutung der Fabel und ihrer Sprache weit über den Bereich angenehmer Unterhaltung und bloßer moralischer Belehrung hinaus.

In der europäischen Literatur erreichte die Fabeldichtung im 17. und 18. Jahrhundert ihren Höhepunkt. In Frankreich kleidete der geistreiche Spötter und galante französische Schriftsteller Jean de Lafontaine (1621–1695) mit seiner brillanten, geschliffenen Sprache die zahlreichen überlieferten Fabeln des sagenhaften Inders Bidpai (etwa 2. Jh. v. u. Z.), des Griechen Äsop und des römischen Dichters Phädrus (1. Jh.) in das farbenprächtige Gewand des französischen Salons.

In Deutschland waren es besonders Gellert (1715–1769), Gleim (1719–1803) und Lichtwer (1719–1783), die sich der Fabeldichtung widmeten; sie gaben ihr eine betont moralisch-didaktische Tendenz. Der große deutsche Dichter und Aufklärer G. E. Lessing (1729–1781) wandte sich in seinen *Abhandlungen über die Fabel* (1759) gegen die Weitschweifigkeit und Oberflächlichkeit im Gebrauch dieses Genres und schuf eine Anzahl mustergültiger Prosa-Fabeln, die sich durch schlagfertigen Witz, lapidare Kürze und zeitkritische Schärfe auszeichnen.

Auch in Rußland blickt die Fabeldichtung auf eine reiche Tradition zurück. Sie reicht im 18. Jahrhundert von den klassizistischen Schriftstellern Kantemir (1709–1744) und Tredjakowski (1703–1769) über Sumarokow (1718 bis 1777) und Chemnitzer (1745–1784) bis zu dem sentimentalistischen Schriftsteller und bekannten Fabeldichter Dmitrijew (1760–1837). Aber erst in Krylows Fabeln „wird in einem klaren, polierten Spiegel der praktische russische Verstand wiedergegeben, mit seiner scheinbaren Schwerfälligkeit, aber auch mit seinen scharfen Zähnen, die schmerzhaft zubeißen können, mit seiner Findigkeit, seinem Scharfsinn und gutmütig sarkastischen Spott". Krylows realistische Schilderung des russischen Alltags, der nationalen Eigenart und des urwüchsigen Humors, „all das wird in so original russischen, in keine Sprache

der Welt übersetzbaren Bildern und Wendungen ausgedrückt; all das stellt einen so unerschöpflichen Schatz an idiomatischen Wendungen und Russizismen dar, die das nationale Antlitz der Sprache, ihre originalen Ausdrucksmittel und ihren eigenartigen, natürlichen Reichtum ausmachen, daß selbst Puschkin in dieser Hinsicht ohne Krylow unvollkommen wäre" (Belinski).
Krylows Fabeln sind heute in der ganzen Welt bekannt und zählen zu den unvergänglichen Schätzen der Weltliteratur. Sie „atmen russischen Geist", in ihnen hat der Dichter das Fühlen und Denken seines Volkes zum Ausdruck gebracht, mit dem er das ganze Leben hindurch aufs engste verbunden war.
Iwan Andrejewitsch Krylow wurde am 13. Februar 1769 in Moskau als Sohn eines Armeeoffiziers geboren, der es nach vielen Dienstjahren aus eigener Kraft vom einfachen Soldaten zum Hauptmann gebracht hatte. Während des Pugatschow-Aufstandes (1773–1775) nahm der Vater im Uralgebiet an den Kämpfen gegen die Aufständischen teil. Wahrscheinlich hat Alexander Puschkin anhand von Krylows Berichten später in der Gestalt des pflichtbewußten und tapferen Hauptmanns Miron in der *Hauptmannstochter* dessen Vater ein würdiges Denkmal gesetzt. Der verdiente Offizier quittierte nach dem Aufstand den Dienst; er wurde Vorsitzender des Magistrats in der Stadt Twer. Noch bevor der junge Krylow das zehnte Lebensjahr erreicht hatte, starb der Vater. Die Mutter, nach Worten ihres Sohnes, „eine einfache Frau, ohne jegliche Bildung, aber von Natur klug", stand jetzt mit ihren beiden unmündigen Kindern völlig mittellos da. Ihre Bitte um Gewährung einer kleinen Hinterbliebenenrente fand nirgends Gehör. So verrichtete sie Gelegenheitsarbeiten in den Häusern der Adligen und Kaufleute, übernahm Totenwachen und sprach Sterbegebete an der Bahre Verstorbener.
Auch der erst zehnjährige Krylow mußte seinen Teil zum Unterhalt der Familie beitragen. Er arbeitete als „Unterkanzlist" in der Stadtverwaltung unter der Aufsicht eines hartherzigen Vorgesetzten, der den Knaben durch Prügel zur Arbeit antrieb. An einen geregelten Schulbesuch war nicht zu denken. Einige Bücher, die der Vater als einziges

Erbe seiner Familie hinterlassen hatte, bildeten die Quelle seines Wissens und eröffneten dem lernbegierigen Knaben neue, wundersame Welten. Leidenschaftlich fühlte sich der künftige Schriftsteller angezogen von den fesselnden Erzählungen aus *Tausendundeiner Nacht*, von den lustigen Abenteuern des *Gil Blas* und den mannigfaltigen Werken der russischen Schriftsteller. Ein wachsender Widerwille erfüllte ihn gegen die bedrückende und stickige Atmosphäre der ungebildeten und korrumpierten Provinzbürokratie. Es verlangte ihn nach dem geistigen und kulturellen Leben, wie es die Großstadt bot. Als der inzwischen Vierzehnjährige schließlich im Finanzministerium eine Anstellung als Sekretär erhielt, siedelte die gesamte Familie Krylow 1782 nach Petersburg über. Ein paar Jahre darauf starb die Mutter, und das kärgliche Gehalt sowie einige Nebeneinnahmen für zusätzliche Schreibarbeiten bildeten lange Zeit für Krylow und seinen jüngeren Bruder die einzige Existenzgrundlage.
Für den eintönigen Bürodienst entschädigte den begeisterten Literaturliebhaber das reichhaltige Theaterrepertoire der russischen Metropole. Unter der Regierung Katharinas II. (1762–1796) hatte das kulturelle Leben in Petersburg einen spürbaren Aufschwung erfahren. Unter der Losung des „aufgeklärten Absolutismus“ hatte die Zarin den Ideen der westeuropäischen Aufklärung in Rußland Einlaß gewährt und demonstrativ einen persönlichen Gedankenaustausch mit Voltaire, d'Alembert und Diderot begonnen. Russische Aufklärer, an ihrer Spitze Nowikow und Fonwisin, forderten in zahlreichen Zeitschriften eine humane Behandlung der leibeigenen Bauern durch die Gutsbesitzer, eine Verbesserung des Bildungswesens und Reform der Gesetze und richteten scharfe Angriffe gegen die Gallomanie, Unwissenheit und Trägheit der russischen Aristokratie und Beamtenschaft. Der Pugatschow-Aufstand (1773–1775), in dem sich die besitzlosen und versklavten Volksmassen Südrußlands gegen die adligen Ausbeuter und zaristischen Beamten erhoben, gab dem fortschrittlichen Denken in Rußland neuen Auftrieb. Selbst die blutige Niederschlagung des Aufstandes und die grausamen Repressalien durch die Truppen der „aufgeklärten“ Zarin taten den progressiven Bestrebungen

unter der fortschrittlichen russischen Intelligenz keinen Abbruch. In den achtziger Jahren des 18. Jahrhunderts wurden auf der Petersburger Bühne nicht nur bekannte Stücke westeuropäischer Dramatiker, sondern auch zahlreiche Werke russischer Schriftsteller aufgeführt, die die nationale Vergangenheit, aber auch schon – freilich noch stark idyllisiert – den russischen Alltag auf der Bühne darstellten. Als Krylow nach Petersburg kam, bildete die Aufführung von Fonwisins *Landjunker* (1782) in der Theaterwelt das Tagesgespräch. In dieser Komödie, die noch heute zum festen Repertoire gehört, werden die grenzenlose Einfalt und unmenschliche Grausamkeit einer Gutsbesitzerfamilie mit beißendem Spott überschüttet.

Der vierzehnjährige Krylow verschrieb sich mit der ganzen Begeisterung seiner Jugend dem Petersburger Theater. Er verfaßte sein erstes Stück *Die Wahrsagerin*, eine „komische Oper in Versen". In dieser Intrigenkomödie wird eine despotische Gutsbesitzerin gegen ihren Willen gezwungen, einem verliebten leibeigenen Paar die Erlaubnis zur Heirat zu geben. Sein erstes Honorar ließ sich der jugendliche Autor vom Verleger in Form von Werken berühmter Klassiker wie Racine, Molière und Boileau auszahlen. Angespornt durch den Verkauf des Manuskripts schrieb Krylow in den folgenden Jahren zwei Tragödien über Themen aus der Antike sowie die Komödien *Eine tolle Familie*, *Der Autor im Vorzimmer* und *Intriganten.* In allen drei Lustspielen stellte der junge Dramatiker die Laster der Aristokratie, deren grenzenlose Gier nach Reichtum, Ämtern und Titeln, aber auch die Lobhudelei höfischer Dichterlinge an den Pranger. Ähnlich wie Beaumarchais in *Figaros Hochzeit* den selbstbewußten und gewitzten Titelhelden über den genußsüchtigen Adligen triumphieren läßt, durchschauen in Krylows Lustspielen die leibeigenen Diener die moralische Minderwertigkeit und Aufgeblasenheit ihrer adligen Herren. Kein Wunder, daß die frühen Komödien trotz aller Beziehungen zu Petersburger Theaterkreisen nicht aufgeführt wurden, während alberne, oberflächliche Machwerke ausländischer Autoren oder die Paradestücke der beim aristokratischen Großstadtpublikum beliebten Adelsschriftsteller großen Beifall erhielten.

In einem empörten Brief an die Theaterdirektion und in seiner Komödie *Intriganten* machte der „zornige junge Mann“ seinem aufgespeicherten Groll gegen den herrschenden Standesdünkel und das aristokratische „Mäzenatentum“ Luft und brach erbost über die erlittene Geringschätzung und verächtliche Behandlung 1788 alle Beziehungen zum Theater ab.
Aber die schriftstellerische Arbeit war Krylow schon zur zweiten Natur geworden. Bald fand er eine bessere Möglichkeit, scharfe Kritik an den gesellschaftlichen Verhältnissen zu üben. In ganz Europa waren die „moralischen Wochenschriften“ nach dem Vorbild des englischen „Spectator“ und des „Guardian“ zu einer wirkungsvollen Waffe im Kampf für die Aufklärung geworden. Auch in Rußland wurden in der zweiten Hälfte des 18. Jahrhunderts die literarischen Zeitschriften, besonders die des Verlegers und Aufklärers N. I. Nowikow (1744–1818), zu Sprachrohren fortschrittlicher und oppositioneller Ideen. Nach seinem Bruch mit dem Theater arbeitet Krylow einige Zeitlang an den „Morgenstunden“ (Утренние часы) mit, einem Wochenblatt des „Voltaireianers“ I. G. Rachmaninow, in dem unter anderem auch zahlreiche Schriften des französischen antifeudalen Schriftstellers L. S. Mercier (1740–1814) erschienen, der in seinem utopischen Roman *Das Jahr 2440* eine nach kommunistischen Prinzipien aufgebaute Gesellschaft schildert. Krylow steuerte mehrere Gedichte bei, die im Sinne Rousseaus eine „natürliche“ Gesellschaftsordnung propagieren und die Versklavung des Menschen brandmarken, und veröffentlichte hier seine ersten Fabeln.
Die gesammelten schriftstellerischen Erfahrungen und die Freude an der publizistischen Tätigkeit ermutigten ihn, 1789 eine eigene satirische Monatsschrift herauszugeben. Sie trug den langatmigen Titel: „Die Geisterpost oder der gelehrte, moralische und kritische Briefwechsel des arabischen Philosophen Malikulmulk mit den Wasser-, Luft- und Erdgeistern“ (Почта духов . . .). Ähnlich wie Montesquieu in seinen *Persischen Briefen*, Swift in *Gullivers Reisen*, Wieland in den *Abderiten* oder auch Goethe in *Götter, Helden und Wieland* unter der Maske eines fremdländischen Beobachters die Lebensweise ihrer Mit-

menschen spöttisch beleuchten, legt Krylow seinen witzigen Kobolden sarkastische Äußerungen über die zeitgenössische Gesellschaft in den Mund. Schon hier benutzt er sehr geschickt Gestalten aus der Welt der Märchen, um soziale Mißstände im zaristischen Reich zu kritisieren.
In der Schärfe seiner politischen Aussage näherte sich Krylow dem russischen revolutionären Schriftsteller Alexander Radistschew, so daß man diesen lange Zeit für einen Mitarbeiter der Zeitschrift gehalten hat. Der Adelsrevolutionär Radistschew rief in seiner berühmten *Reise von Petersburg nach Moskau* (1790) zur Revolution und gewaltsamen Befreiung des russischen Volkes vom zaristischen Despotismus und seiner feudalen Ausbeuterklasse auf. In äsopischer Sprache, durch den Mund von Gnomen und Zwergen, spricht auch Krylow sein schonungsloses Urteil über die Regierung Katharinas II. und prangert die Bestechlichkeit der Beamten, die Willkür der Minister, die Günstlingswirtschaft der Zarin sowie den Standesdünkel und die Verschwendungssucht des russischen Adels an. Der Schriftsteller wird zum Anwalt der werktätigen Schichten und zum Ankläger der adligen Schmarotzer. Wir vermeinen den Dichter des *Figaro* zu hören, wenn Krylow ausruft: „Ein tugendhafter Bürger und ein ehrlicher Bauer voller Herzensgüte sind in meinen Augen hundertmal wertvoller als ein Adliger, der nur das Glück hatte, von adligen Eltern geboren zu werden, die vielleicht ihrem Vaterlande auch nicht mehr Nutzen als er selbst brachten, indem sie nur die Anzahl der unfruchtbaren Zweige ihres Stammbaumes vermehrten."
Als im Juli 1789 die aufsehenerregende Nachricht vom Ausbruch der Französischen bürgerlichen Revolution nach Rußland drang, ergriff die russische Regierung einschneidende Maßnahmen gegen die Presse. Krylow stellte im August 1789 das Erscheinen der „Geisterpost" ein.
Aus Furcht vor einem eventuellen Übergreifen der Revolution auf Rußland setzte eine Welle von Verfolgungen aller fortschrittlichen Kräfte durch die zaristische Polizei ein. Auf persönlichen Befehl Katharinas II. wurde Radistschew wegen seines Buches *Reise von Petersburg nach Moskau* verhaftet und zum Tode verurteilt, aber dann zur Verbannung nach Sibirien „begnadigt". Den um die

russische Literatur verdienten Verleger Nowikow ließ die Zarin ohne Gerichtsurteil in der Festung Schlüsselburg einkerkern, aus der ihn, einen an Leib und Seele gebrochenen Greis, erst der Tod seiner Peinigerin erlöste.

Nach einiger Zeit versuchte Krylow von neuem, auf das öffentliche Denken in Rußland Einfluß zu nehmen. Zu diesem Zweck gründete er mit einigen Freunden die Druckerei „Krylow & Co." und gab neben anderer Aufklärungsliteratur die Zeitschriften „Der Zuschauer" (Зритель, 1792) und „St. Petersburger Merkur" (С.-Петербургский Меркурий, 1793) heraus. Aber auch Krylow und seine Mitarbeiter waren niemals von den Verfolgungen der zaristischen Häscher sicher. Als die Polizei Kenntnis von einigen „aufrührerischen" Artikeln erhielt, führte sie in Krylows Druckerei eine Haussuchung durch und stellte ihn unter Polizeiaufsicht.

Unter dem wachsenden Druck der Zensur nahm der Dichter immer wieder zur äsopischen Sprache seine Zuflucht. So veröffentlichte er im „Zuschauer" die Erzählung *Kaib*, eine „außergewöhnlich wohlgezielte und beißende Satire" (Belinski) auf die „aufgeklärte" Regierung Katharinas II. Der „leutselige" Kalif Kaib fordert seine Ratgeber auf, frei und offen ihre Meinung zu sagen, gleichzeitig verheißt er jedoch demjenigen, der Kritik an seinen Maßnahmen üben möchte, fünfhundert Peitschenhiebe. In der Gestalt des orientalischen Herrschers erkannte jedermann deutlich die Zarin, diesen „Tartuffe in Rock und Krone" (Puschkin), die Sympathie für die Ideen der Aufklärung heuchelte, in Wirklichkeit aber die Despotin blieb. Mit sarkastischem Spott bedenkt Krylow ihre ehrgeizigen Höflinge und unfähigen Minister. Das verantwortungsvolle Amt eines „Wesirs" erhielt derjenige, der den längsten Bart trug oder am besten springen konnte. Die völlige Unkenntnis des Monarchen über die Lebensbedingungen seiner Untertanen sowie die schmeichlerische Schönfärberei und tendenziöse Idealisierung des Landlebens durch adlige Idyllenschreiber und sentimentale Naturschwärmer werden erbarmungslos bloßgestellt: Statt eines glücklichen, flötenspielenden Schäfers und seiner geliebten, vom Dichter besungenen anmutigen Schäferin findet der „Kalif" in der rauhen Wirklichkeit einen zerlumpten armseligen Hirten vor, der dem Hungertod nahe ist und seine Frau in die Stadt geschickt hat, um das letzte magere Huhn für ein Stück Brot einzutauschen.

Mit dem Zusammenbruch der Französischen bürgerlichen Revolution nahm auch in Rußland der reaktionäre Druck gegen alle fortschrittlichen Ideen zu, so daß Krylow endgültig die Herausgabe seiner Monatszeitschriften einstellte und sich für immer aus der Publizistik zurückzog. Die „Umstände zwangen ihn", die Hauptstadt für längere Zeit zu verlassen. Von 1793 bis 1801 hielt sich Krylow in der Provinz auf. Unter der Regierung des grausamen und unberechenbaren Zaren Paul I. (1796–1801) lebte Krylow auf dem Landgut des in Ungnade gefallenen Fürsten Golizyn, eines hohen russischen Würdenträgers. In diesem oppositionellen Kreis schrieb Krylow seine bissige Komödie *Trumpf* (1800) gegen den nach preußischem Vorbild eingeführten unmenschlichen Drill und die geistlose, überspannte Soldatenspielerei des Zaren. Diese meisterhafte Karikatur des dümmlichen Despoten und seiner schwachköpfigen Ratgeber sowie des preußischen Prinzen Trumpf nimmt in ihrer Aggressivität bereits die gesellschaftskritische Polemik Saltykow-Stschedrins vorweg. So überrascht es nicht, daß diese politische Satire nicht zu Krylows Lebzeiten veröffentlicht werden durfte. In einer anderen Komödie dieser Schaffensepoche, *Die Pastete*, verspottet der Schriftsteller die weinerlich-süßliche Dichtung des russischen Adelssentimentalismus, in dessen tränenreichen Elegien und schöngefärbten Idyllen die herrschenden gesellschaftlichen Verhältnisse durch eine rosarote Brille betrachtet wurden.
Nachdem Paul I. einem Mordanschlag des unzufriedenen Adels zum Opfer gefallen war, bestieg 1801 Alexander I. den Thron. Der neue Zar rief viele Adlige aus der Verbannung zurück und setzte sie wieder in ihre Ämter ein. So erhielt auch der Fürst Golyzin den Posten eines Generalgouverneurs von Riga, wohin er Krylow als seinen Sekretär mit sich nahm. Aber dieser verließ ihn bald wieder, um zuerst nach Moskau und schließlich 1806 nach Petersburg zurückzukehren, wo er die Stelle eines Bibliothekars an der Öffentlichen Bibliothek, der jetzigen welt-

bekannten Leningrader Staatlichen Saltykow-Stschedrin-Bibliothek, annahm. Über dreißig Jahre lang betreute Krylow gewissenhaft die Kataloge und Bücherbestände. Sein Vorgesetzter, der Bibliotheksdirektor Olenin, war ein großer Liebhaber der Dichtkunst und versammelte jede Woche in seinem „Salon" einen Kreis junger Schriftsteller um sich, die leidenschaftlich über literarische Probleme diskutierten. Neben Krylow, dem Dichter Batjuschkow und Gneditsch, dem russischen Übersetzer der *Ilias*, besuchte auch später Puschkin diesen schöpferischen Kreis.

In Petersburg schrieb Krylow seine bekanntesten Komödien: *Der Modesalon* (1806) und *Eine Lehre für Töchter* (1807). Diese spritzigen Lustspiele, in denen Prunksucht und Dünkel der sogenannten besseren Gesellschaft verspottet werden, fanden ein begeistertes Theaterpublikum. Aber trotz des sichtbaren Erfolges wandte sich Krylow von jetzt an ausschließlich dem kleinen literarischen Genre zu. Hatte er bisher nur gelegentlich Fabeln verfaßt, so galt ihnen in den letzten drei Jahrzehnten seines Lebens seine ganze Liebe. Schon 1809 erschien eine erste Ausgabe seiner Fabeln, die großen Anklang in den demokratischen Kreisen, scharfe Ablehnung jedoch in den aristokratischen schöngeistigen Salons wegen ihrer kräftigen und ungeschminkten Sprache fanden. Der Antrag, Krylow, der inzwischen eine literarische Berühmtheit geworden war, zum Mitglied der Russischen Akademie zu wählen, stieß bei den hochfahrenden Akademiemitgliedern auf fast einmütige Ablehnung. Aber dennoch waren Krylows literarische Erfolge weder totzuschweigen noch zu übersehen, seine Popularität wuchs zusehends. Jahr für Jahr erschien Fabel auf Fabel. Die Petersburger „Gesellschaft von Liebhabern der russischen Sprache" wählte Krylow zu ihrem Mitglied, und auch die Russische Akademie mußte ihn schließlich in ihren Kreis aufnehmen. „Großväterchen" Krylow wurde zur fast legendären Erscheinung des literarischen Lebens.

Der Dichter hielt sich trotz seines Ruhmes bescheiden im Hintergrund und verrichtete weiterhin seinen täglichen Dienst. Unverheiratet geblieben, bewohnte er ein schlichtes Zimmer im Gebäude der Petersburger Bibliothek. Mit

zunehmendem Alter wurde er immer mehr zum Einsiedler. Aber sobald sich Krylow auf den Zusammenkünften der Akademie oder literarischer Gesellschaften bereit fand, einige seiner neuesten Fabeln vorzutragen, wurde dies jedesmal zu einem Ereignis. Als ein glänzender Rezitator verstand es der Dichter, den Tiergestalten seiner Fabeln durch unterschiedliche Stimmgebung charakteristischen Ausdruck zu geben. Seine volkstümlichen, leicht einprägsamen Verse blieben den Zuhörern wie von selbst im Gedächtnis haften und gingen oft noch vor ihrer Drucklegung von Mund zu Mund.
Krylow, der den russischen Klassizismus eines Dershawin erlebte, der das Aufkommen und den Niedergang des Sentimentalismus und Karamsin verfolgt hatte, trug mit seinem Schaffen zum Siege des russischen kritischen Realismus durch Puschkin und Lermontow bei, die er noch beide überleben sollte. Obwohl in seinem dramatischen Schaffen noch stark dem Klassizismus verpflichtet, lehnte er sowohl dessen erstarrte, längst überholte Sprache und künstlerische Form als auch die illusionäre Welt des russischen Adelssentimentalismus ab. Krylow stützte sich auf die satirisch-gesellschaftskritischen Werke Fonwisins, Nowikows, Radistschews und anderer demokratischer Schriftsteller und bereicherte die Schaffensmethode der bedeutenden russischen Aufklärer und Wegbereiter des russischen Realismus durch die Aufnahme starker volkstümlicher Elemente. Seine tiefe und echte Volksverbundenheit, sein Eintreten für die Interessen des einfachen Menschen, seine mutige Kritik am Zarismus und dessen Dienern, seine realistische Schilderung des russischen Alltags waren von entscheidender Bedeutung für die Entwicklung des russischen Realismus. Als Krylow am 21. November 1844 starb, hinterließ er eine unübersehbare Schar aufrichtiger Verehrer aus allen Schichten des russischen Volkes, das ihm, dem wahren Volksdichter, und den Gestalten seiner Fabeln von dem Erlös einer in ganz Rußland durchgeführten Geldsammlung am Ufer der Newa ein würdiges Denkmal errichtete.

Für den heutigen Leser bilden Krylows mehr als zweihundert Fabeln noch immer eine lehrreiche und nützliche

Lektüre. Untugenden und Laster, die auch in unserem Zeitalter noch nicht ausgestorben sind, erhalten ihre verdiente Strafe. So wird in den Fabeln *Die Meise* oder *Die beiden Fässer* die Phrasendrescherei verurteilt und in der Gestalt des *Eichhörnchens* eine außergewöhnlich aufreibende, aber ziel- und nutzlose Beschäftigung lächerlich gemacht. Eine scharfe Satire auf eine unqualifizierte und schmeichlerische Kritik stellen die Fabeln *Der Kuckuck und der Hahn* sowie *Der Esel und die Nachtigall* dar. Noch drastischer werden ewige Besserwisser und üble Neider in *Der Adler und die Hennen*, *Der Wagenzug* und *Die Spaziergänger und die Hunde* an den Pranger gestellt. Zu diesem Themenkomplex gehört auch die sprichwörtlich gewordene Fabel *Der Elefant und der Mops*, in der ein winziger Köter den unbeirrbar seines Weges ziehenden Elefanten ankläfft, einzig und allein, um vor der Hundesippschaft als starker, mutiger Held zu erscheinen.

Große symbolische Bedeutung haben derartige Werke wie z. B. *Die Blätter und die Wurzeln* und *Die Sau unter der Eiche*, in denen Krylow dem werktätigen Volk, dem Schöpfer allen materiellen Reichtums, ein ehrendes Denkmal setzt und die schmarotzende Klasse davor warnt, diese „Wurzeln" anzutasten, falls sie nicht Gefahr laufen wolle, den „Baum", die gesamte Gesellschaft und damit sich selbst, zugrunde zu richten. Ebenso nachdrücklich wird in der Fabel *Der Hund und das Pferd* die produktive Arbeit der leibeigenen russischen Bauern als unvergängliche Voraussetzung für die Existenz der parasitären Beamtenbürokratie unterstrichen: Erst die angestrengte Arbeit des Pferdes ermöglicht dem Hund, den Bauernhof mit seinen gefüllten Scheunen zu bewachen. Mehrfach wird der Erfolg von gemeinsamer, zielgerichteter Tätigkeit abhängig gemacht. An der mangelnden Zusammenarbeit des Kollektivs und den Schwächen des einzelnen scheitern sowohl die Anstrengungen des *Schwanes, Hechtes und Krebses* als auch die Bemühungen des *Quartetts*. Von bereits historischer Bedeutung sind Krylows unbarmherzige Angriffe gegen die brutale Ausbeutung des leibeigenen Volkes durch feudale Machthaber. So liefert in der Fabel *Die Wölfe und die Schafe* der allgewaltige Löwe die wehrlosen Schafe den blutdürstigen Wölfen aus, indem er ihnen erlaubt, als Steuer den Schafen das Fell über die Ohren zu ziehen, ihnen aber sonst kein Haar zu krümmen. Noch herzloser, ja schon sadistisch, ist die heuchlerische Antwort des Fuchses, der seinem Gebieter, dem Löwen, in *Der Fische Tanz* erklärt, die gefangenen, sich in der Bratpfanne vor Schmerzen windenden und zappelnden Fische führten beim Anblick ihres Monarchen einen Freudentanz auf. Wie bei vielen seiner Fabeln geht dieses Sujet auf eine wahre zeitgenössische Begebenheit zurück: Auf einer Inspektionsreise war der Zar zu Gast bei einem Gouverneur, der ihm angesichts der von der Polizei gewaltsam zurückgetriebenen Protestdelegationen erklärte, das Lärmen und die „Freudentänze" der empörten Volksmassen vor dem Gouverneurgebäude seien Ausdruck der Begeisterung seiner Untertanen.

Unmittelbare Beziehungen zum Vaterländischen Befreiungskampf von 1812 gegen Napoleon haben u. a. die Fabeln *Die Krähe und das Huhn* sowie *Der Wolf im Hundezwinger*. Die franzosenfreundliche, gutgläubige Krähe wandert in den Suppentopf der feindlichen Eindringlinge; dem Jäger – Kutusow – und seinen Helfern gelingt es, den eingedrungenen reißenden Wolf – Napoleon – zu fangen und ohne falsches Erbarmen zu töten. Wie schwierig es für Krylow oft war, selbst in Form von sinnbildlichen Tiergestalten unter dem Druck der zaristischen Zensur seine Stimme zu erheben, zeigt die Fabel *Die Katze und die Nachtigall*, wo der Dichter vielsagend erklärt: „Der Vogel ist zum Singen nicht gelaunt, wenn ihn die Katze hält in ihren Krallen."

Krylows Tiere sind keine bloßen Schemen oder Marionetten; jede Gestalt, ob Löwe, Bär, Wolf, Fuchs oder Hase, redet und handelt entsprechend ihren typischen Charaktereigenschaften. Der Löwe ist der gestrenge, mächtige König der Tiere, der nicht immer klug genug ist, die Ränke seiner Ratgeber zu durchschauen, und bisweilen selbst zum Räuber wird. Leicht gelingt es dem feigen, aber listigen Fuchs, den plumpen Bären, den dummen Wolf oder Elefanten zu betrügen. Der Willkür aller Raubtiere aber ist das wehrlose Schaf ausgeliefert.

Alle Tiere bewegen sich jedoch in einer menschlichen Umwelt und verhalten sich genauso wie die Menschen, so daß man ein getreues Abbild der zeitgenössischen Gesellschaft vor sich hat. Die Redeweise aller Gestalten ist in ihrem Ton, ihrer Natürlichkeit und Schlichtheit der Sprache des einfachen Volkes abgelauscht. Aber nicht nur Tiere, sondern auch Menschen, typische russische Bauern mit ihrer charakteristischen Kleidung und Lebensweise, treten in den Fabeln auf. Volkstümlich ist auch das Versmaß der Fabeln. Krylow verwendet in Anlehnung an die Volksdichtung den freien Vers mit seinen verschieden langen Verszeilen und benutzt mit Vorliebe den Rhythmus des zweisilbigen Versmaßes (Jambus). Die humorvollen, volkstümlichen Fabeln Krylows wurden zum festen geistigen Eigentum des russischen und sowjetischen Volkes. Krylows Tradition führten in der Sowjetepoche vor allem Demjan Bedny und S. Michalkow, aber auch Majakowski und andere sowjetische Schriftsteller weiter.
Noch zu Lebzeiten Krylows wurden seine Fabeln ins Deutsche übertragen (Mitau 1842). In der zweiten Hälfte des 19. Jahrhunderts lagen bereits sämtliche Fabeln in deutscher Sprache in verschiedenen Übersetzungen vor (Berlin 1856, Petersburg 1863, Leipzig 1874, ebd. 1881, Petersburg/Leipzig 1890). Nach 1945 erschienen bei uns verschiedene kleinere, teilweise illustrierte Ausgaben einiger Fabeln Krylows. Wir hoffen, eine Lücke zu füllen, indem wir eine größere Anzahl der wichtigsten Fabeln in diesem Bändchen zusammenfassen und dem deutschen Leser zugänglich machen.

Berlin, September 1963 *Helmut Graßhoff*

Chronologisches Verzeichnis

1807

Die Truhe
Der Frosch und der Stier
Das Orakel
Der Eremit und der Bär

1808

Der Parnaß
Der Wolf und das Lamm
Der Löwe als Jagdgenosse
Der Adler und die Hennen
Der Elefant als Gouverneur
Der Elefant und der Mops
Die Fliege und die Reisenden

1809

Die Pest unter den Tieren
Der Hahn und die Perle
Der Sack
Der Löwe und die Mücke

1811

Die Meise
Das Goldstück
Der Lügner
Die junge Krähe
Der Esel und die Nachtigall
Der alte und der junge Wolf
Der Affe
Die Gänse
Die Sau
Der Mäuse Rat
Das Quartett
Die Blätter und die Wurzeln

1812

Die Krähe und das Huhn
Die Teilung
Der Wolf im Hundezwinger
Der Wagenzug
Der Kater und der Koch

1813

Der Hase auf der Jagd
Der Hecht und der Kater
Der Wolf und der Kuckuck
Der Bauer und die Schlange
Demjans Fischbrühe

1813/14

Die Spaziergänger und die Hunde
Die Bauern und der Fluß
Der Schatten und der Mensch
Der Frosch und Zeus

1814

Der Mann von drei Weibern
Der Baum
Der Adler und der Maulwurf
Der Schwan, der Hecht und der Krebs
Der Bauer und der Räuber
Der gutherzige Fuchs

1814/15

Der große Herr und der Philosoph
Das Faß

1815

Der Esel
Der Affe und die Brillen
Hundefreundschaft
Der Bauer und sein Knecht
Trischkas Rock
Der Spiegel und der Affe
Die Wolke
Der Fuchs als Architekt

1816

Der Star
Die Blumen
Der Landtag
Die Maus und die Ratte
Der Bär bei den Bienen
Der Bauer und das Beil
Der Elefant in Gnaden
Der Wolf und die Hirten
Das Begräbnis
Der Wasserfall und der Quell

1818/19

Der Kamm
Der Verschwender und die Schwalbe
Die Schafe und die Hunde
Der arbeitliebende Bär
Die beiden Fässer

1821

Der Bauer und das Schaf

1821–1823

Der Müller
Die Sau unter der Eiche
Der Kessel und der Topf
Der Besen
Der Wolf und das Mäuslein
Der junge Kater und der Star
Die beiden Hunde
Die Katze und die Nachtigall
Der Fische Tanz
Die bunten Schafe

1827

Die Kanonen und die Segel

1828

Die Rasiermesser

1829/30

Der Löwe, die Gemse und der Fuchs
Das Eichhörnchen in Diensten
Der Hecht
Der Esel und Zeus
Der Hund und das Pferd
Der Uhu und der Esel
Der Wolf und der Kater
Die Brachsen

1832

Der Schäfer
Das Eichhörnchen
Die Mäuse
Die Wölfe und die Schafe

1833

Der Löwe und die Maus

1834

Der Kuckuck und der Hahn
Der Magnat

Inhalt

(Die Reihenfolge der Fabeln folgt der Anordnung in der Ausgabe „Die Fabeln I. A. Krylows in neun Büchern“, St. Petersburg 1843)